Inhaltsverzeichnis

Vorwort

Zur Einführung

1. Stammschreibung: - der Überschwang - toll - der Platz - das Quantum - das Lamm **5. Einzelfall:** - der Alb(Alp-)traum **7. drei gleiche Buchstaben in Wortzusammensetzungen:** - voll/laufen	*Die Verfechter der Rechtschreibreform lobten überschwänglich (1) die neuen Regeln (8) um die bravurös (2) vorgebrachten Einwände gegen die neue Orthografie (2) abzuwenden. »Jetzt kann jeder Tollpatsch (1) Kommas platzieren (1), wie er will!«, (3) sagte mein Deutschlehrer mit einem Quäntchen (1) Humor. Aber die meisten Pädagogen waren froh, dass (4) die Reform doch kein echter Albtraum (5) werden würde. Nur mein Chemielehrer starrte wie belämmert (1) auf das Kommunikee (2) der Kultusminister und murmelte: »Heute Abend (6) muss (4) ich mich volllaufen (7) lassen.«*	**2. Fremdwörter:** ou → u, ph → f, ée → ee **3. Zeichensetzung:** Komma nach wörtlicher Rede **4. „ß“ wird nach kurzem Vokal zu „ss“.** **6. Tageszeiten** nach Adverbien werden großgeschrieben. **8. in der Regel kein Komma bei Infinitivsätzen**

Idee einer Zehntklässlerin

Zur Neuregelung der Rechtschreibung

Die Vereinfachung der deutschen Rechtschreibung war jahrelang Gegenstand fachlicher und politischer Beratungen und hat das Ziel, eine Erleichterung im täglichen Umgang mit der Schriftsprache zu bringen. Bei der Durchforstung des bis dato gültigen Regelwerkes war die Absicht bestimmend, die Regeln logischer aufzubauen und Ausnahmen so weit wie möglich zu reduzieren.
Dabei sollten durch die Systematisierung und Neufassung weder die Tradition des Schriftbildes nachhaltig verändert noch die Lesbarkeit von Geschriebenem beeinträchtigt werden.
In ihrer Zielsetzung berücksichtigt die Neuregelung einerseits die Bedürfnisse von Schülerinnen und Schülern und hat besonders auch den „Normalbürger“ im Blick. Andererseits handelt es sich um einen vorsichtigen Eingriff, der auf einen Bruch mit tradierten Schreibgewohnheiten verzichtet. In allen Punkten ist die Neuregelung ein Kompromiss; es handelt sich lediglich um eine teilweise Bereinigung der deutschen Schriftsprache von Ausnahmen und Sonderregelungen, sodass sie plausibler und übersichtlicher wirkt.

Bei der Vermittlung der Inhalte gewinnen lernpsychologische Erkenntnisse, fachdidaktische Prinzipien, bewährte Übungsformen, individualisierender Unterricht, Formen der Freiarbeit und Erfolg versprechende neue Arbeitstechniken bei Neulernenden und vor allem bei Umlernenden an Bedeutung.

Unberührt von allen Neuerungen, Veränderungen und Erleichterungen bleiben bewährte Arbeitstechniken (wie Selbst- und Partnerdiktate, Nachschlagen im Wörterbuch, Eigen- und Fremdkorrektur, Wörterlistentraining oder Abschreibübungen) für das Neu- und Umlernen allein, zu zweit, in der Gruppe und in der Klasse bedeutsam. Auch das Prinzip „Schreiben lernt man durch Schreiben“ ist nach wie vor von größter Wichtigkeit. Dabei ist der Rechtschreibunterricht als „Hilfe zur Selbsthilfe“ zu verstehen.

Intensiver noch als früher sollten nach der Rechtschreibreform die lexikalischen Fertigkeiten geschult werden, das Wörterbuch sollte zum ständigen Begleiter werden.

Zu den Lern- und Übungsangeboten

Die Lern- und Übungsangebote in diesem Buch stellen bewusst die Neuerungen der Reform in den Vordergrund, beschränken sich dabei jedoch nicht auf eine bloße Auflistung, sondern bieten umfangreiche Ideen an, mit deren Hilfe die Veränderungen kennen gelernt und geübt werden können. Bei einigen Lernangeboten – insbesondere in den Bereichen Zusammen- und Getrenntschreibung und Groß- und Kleinschreibung – werden auch Begriffe geübt, die unverändert geblieben sind. Damit soll verdeutlicht werden, dass in vielen Fällen bereits bestehende Prinzipien logisch weiterentwickelt wurden.

In einigen Übungen finden sich nur selten benutzte Wörter. Diese wurden aufgenommen, weil sie neue Regeln besonders gut veranschaulichen oder zur Wortschatzerweiterung und Förderung der Wörterbucharbeit beitragen.

Ganz besonders möchten wir auf den Bereich „Fremdwörter" hinweisen. Hier werden viele eingedeutschte Wörter geübt, die in den gängigen Wörterbüchern als Nebenvariante auftauchen. Es bleibt hier den Lehrenden überlassen, ob sie auf diesen Teil verzichten, weil sie die eher dem Fremdwortcharakter entsprechende traditionelle Schreibung vermitteln möchten, oder im Unterricht die Nebenvarianten üben um eine eher der deutschen Sprache angepasste Schreibung zu fördern, wie sie ja mit der Reform angestrebt wurde.

Die Angebote wollen eine **handlungsorientierte** Hilfe bieten. Dabei werden auch die verschiedenen Lerntypen beachtet und das Üben mit allen Sinnen durch motorische, optische und akustische Hilfen gefördert.
Bei der Auswahl und Konzeption der Übungssequenzen wurde besonderes Augenmerk gelegt auf:

- Begrenzung des Übungsmaterials
- Anbieten der Übungswörter nach isolierten Schwierigkeiten
- sofortige Selbstkontrolle (Lösungsblätter u.ä.)
- Lernen mit verschiedenen Sinnen (optisch, akustisch, taktil)
- Vermeidung der Ähnlichkeitshemmung
- motivierende Spiel- und Übungsformen
- Formen des selbstständigen Übens
- Wörterbucharbeit

Arbeit in der Schule

Allgemeinen Übungsgrundsätzen und fachdidaktischen Forderungen wie Motivation, Zielorientierung, Mehrkanallernen, Begrenzung des Lernstoffs, Bestätigungslernen und Differenzierung entsprechend können die Lern- und Übungsangebote sowohl in der Schule als auch zu Hause eingesetzt werden.
Für die Schule eignen sich Formen der freien Arbeit wie Lernzirkel, Lerntheken oder Lernstraßen besonders gut. Dabei wird die Lerngruppe zeitweilig aufgelöst und der Stoff den Schülern und Schülerinnen räumlich-simultan an verschiedenen Lernstationen zur selbstständigen Bearbeitung in festgelegter oder beliebiger Reihenfolge angeboten. Die einzelnen Stationen sind dabei im Raum angeordnete „Arbeitsplätze", an die sich die Schülerinnen und Schüler nacheinander allein, zu zweit oder in der Kleingruppe begeben.
Der Lehrer oder die Lehrerin assistiert lediglich und greift nur begleitend und helfend, aber nicht lenkend ein. Die Schülerinnen und Schüler entscheiden selbst über ihr individuelles Arbeits- und Lerntempo und die Reihenfolge, in der sie die Aufgaben bearbeiten. Wichtig erscheint auch, dass nicht alle Stationen bearbeitet werden müssen, sondern die eine oder andere „abgewählt" werden kann. Der Lernzirkel leistet somit auch einen wichtigen Beitrag zum Thema „Lernen lernen".

Solche Arbeitsformen nehmen selbstverständlich mehr Zeit in Anspruch als eine 45-Minuten-Stunde. Sie müssen im „herkömmlichen" Schulbetrieb daher so organisiert sein, dass sie an verschiedenen Tagen immer wieder von den Schülern und Schülerinnen aufgenommen werden können oder nach Absprache mit Kollegen und Kolleginnen ohne Unterbrechung mehrere Stunden am Vormittag durchgeführt werden können.
Zur besseren Strukturierung der Arbeit bietet es sich an sie in vier Phasen durchzuführen:

- **Anfangsgespräch**, das ins Thema einführt und den Horizont eröffnet
- **Rundgang**, der einzelne Erläuterungen zu den Stationen und den Aufgaben bietet
- eigentliche **Arbeit** an den Lernstationen
- **Schlussgespräch**, das zusammenfasst, ergänzt, Arbeitsergebnisse präsentiert, noch offene Fragen beantwortet, vergleicht, Raum für die Diskussion der Probleme im Gruppenplenum und die Mitteilung der Erfahrungen aus der Arbeits-/Lernphase bietet

Dieses Buch bietet zwar die Arbeit in Lernzirkeln an, die darin enthaltenen Spiele und Übungen können jedoch selbstverständlich auch unabhängig davon separat in kürzeren Lernphasen eingesetzt werden.

Arbeit zu Hause

Das oben Gesagte gilt – leicht abgewandelt – natürlich auch für das Üben zu Hause. Die meisten Stationen sind so konzipiert, dass sie auch unabhängig von einer Lerngruppe gut in Einzelarbeit bearbeitet werden können. Auch hier können die Übenden selbst entscheiden, welche Übungen und Spiele sie bearbeiten, welche Reihenfolge und welches Lerntempo sie wählen. Eltern sollten die Materialien jedoch für ihre Kinder vorbereiten (s.u.).

Praktische Hinweise

Zu jedem Rechtschreibbereich finden Sie eine kurze Information mit praktischen Hinweisen und für die Schülerinnen und Schüler ein Merkblatt, einen Laufzettel, der ihnen hilft sich zu orientieren, und 9 Lern- und Übungsangebote mit vielfältigen Materialien.
Die Lern- und Übungsangebote werden jeweils durch ein Aufgabenblatt erläutert, das die Übenden am Arbeitsplatz vorfinden. Es enthält auch den Lösungsteil zur Selbstkontrolle. Damit diese nicht „vorzeitig" erfolgt, ist es ratsam, den Lösungsteil entweder umzuknicken oder ihn abzuschneiden und verdeckt an einer anderen Stelle zu deponieren.
Die Übungsmaterialien sollten entweder foliert und mit einer Schere oder einem Cutter ausgeschnitten oder auf dicke Pappe aufgezogen werden um sie haltbarer zu machen.
An die hier verwendeten Vorlagen angelehnt können auch eigene Lernmaterialien erstellt werden.

Der „s-Laut“

Zur Information:

Eines der wichtigsten Ziele der Rechtschreibreform bestand darin, die Wirksamkeit des Stammprinzips zu erhöhen. Die auffälligste Neuregelung in diesem Bereich - die deshalb in diesem Buch auch besonders hervorgehoben wird - betraf die Verwendung von „ß“ und „ss“. Bei Wörtern, die früher mit „ß“ geschrieben wurden, gilt, dass nach kurzem Vokal generell „ss“ zu schreiben ist. In vielen Texten wird damit die geänderte Konjunktion „dass“ den wohl deutlichsten Hinweis auf die veränderte Rechtschreibung geben. Nach langem Vokal und Diphthong steht weiterhin „ß“.

Die einzelnen Stationen haben folgende Übungsschwerpunkte:

Station	Bezeichnung	Übungsschwerpunkte
1	Lernscheibe	„ß“ nach Diphthong/„ss“ nach kurzem Vokal
2	Was ist das?	„ss“ am Wortende/ Fremdwörter erklären
3	Dosendiktat	Wörter mit „ss“/an Wortstämmen orientieren
4	Würfelsätze	Sätze in verschiedenen Zeitstufen bilden
5	Wörtermaschine	Wortfamilien (Adjektiv-Verb-Substantiv zuordnen)
6	Wörterdomino	Wörter mit „ss“ zusammensetzen
7	Satzpuzzle	„dass-Sätze“ zusammensetzen
8	Würfelspiel	Wörter mit „ss“, „s“ und „ß“ üben
9	Regelspiel	Regeln lernen

Vorbereitung der Lernmaterialien

Station	Bezeichnung	
1	Lernscheibe	Scheibenseiten und Hülle kopieren, ausschneiden, Seiten passend zusammenkleben und Scheibe mit einer Musterbeutelklammer zusammenheften, so dass die Scheibe drehbar ist
2	Was ist das?	Kärtchen kopieren, foliieren und ausschneiden
3	Dosendiktat	Büchse (Kaffeedose o.ä.) mit Schlitz im Deckel versehen, individuell gestalten; Wortkärtchen kopieren, foliieren und ausschneiden
4	Würfelsätze	Würfelvorlagen kopieren, ausschneiden und zusammenkleben oder um Holzwürfel kleben und foliieren
5	Wörtermaschine	Teile kopieren, ausschneiden und zusammenkleben
6	Wörterdomino	Kärtchen kopieren, foliieren und ausschneiden
7	Satzpuzzle	Puzzle kopieren und foliieren, einzelne Teile ausschneiden
8	Würfelspiel	Spielplan (evtl. vergrößert) kopieren und foliieren, Kärtchen kopieren, foliieren und ausschneiden, Wörterliste in gewünschter Menge kopieren
9	Regelspiel	(wie 8)

Merkblatt
„s-Laut“

ss-Regel:

Bei Wörtern, die früher mit „ß“ geschrieben wurden, steht jetzt nach kurzem Vokal „ss“!

Beispiele:
der Ha**ss**,
der Pa**ss**,
mu**ss** (mü**ss**en),
lä**ss**t (la**ss**en),
wä**ss**rig (Wa**ss**er),
das Schlo**ss**,
ein bi**ss**chen,
der Stre**ss**

Die Konjunktion „dass“ wird deshalb immer mit „ss“ geschrieben.

Beispiel:
Wir wissen, da**ss** wir nicht immer alles wissen können.

ß-Regel:

Bei Wörtern, die früher mit „ß“ geschrieben wurden, bleibt „ß“ nach langem Vokal erhalten.

Beispiele:
das Ma**ß**,
die Stra**ß**e,
der Fu**ß**,
der Ru**ß**,
grü**ß**en,
gro**ß**

Diphthong

Nach Diphthong (au, äu, eu, ei) bleibt „ß“ erhalten.

Beispiele:
rei**ß**en,
au**ß**en,
wei**ß**,
äu**ß**ern,
der Strau**ß**,
hei**ß**,
drei**ß**ig

Laufzettel:

Name: ....

Klasse: .... Schuljahr: ....

 ohne Partner  mit Partner/ in der Gruppe

✗ Aufgabe bearbeitet

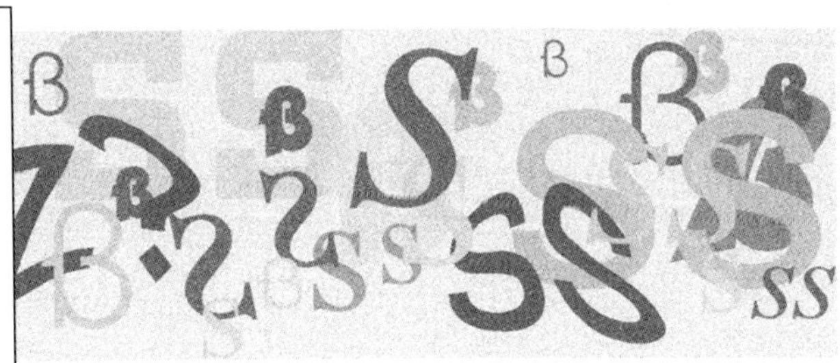

Nr.	Lernstationen		✗
1	Lernscheibe		○
2	Was ist das?		○
3	Dosendiktat		○
4	Würfelsätze		○
5	Wörtermaschine		○
6	Wörterdomino		○
7	Satzpuzzle		○
8	Würfelspiel		○
9	Regelspiel		○

Station 1:

Lernscheibe

Aufgabenblatt

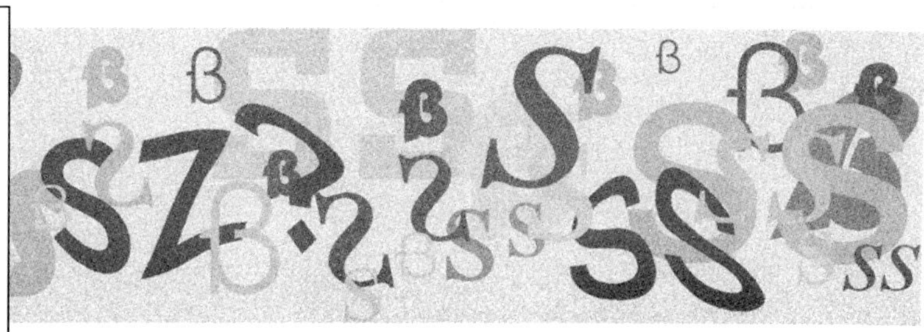

Aufgabe:

Drehe die Scheibe so, dass du im Fenster ein Wort siehst.

Überlege, welcher s-Laut eingesetzt werden muss.

Schreibe das Wort richtig auf.

Kontrolliere die Schreibweise auf der Scheibenrückseite nach jedem Wort oder wenn du alle Wörter der Scheibe aufgeschrieben hast.

Hinweise:

Wenn du dir nicht sicher bist, wie das Wort geschrieben wird, helfen dir folgende Vorgehensweisen:

- Suche nach Wortverwandten (Substantive, Verben, Adjektive, ...).
- Bilde den Infinitiv (Verben) bzw. bilde Singular/Plural (Substantive).
- Sprich das Wort deutlich aus (kurzer/langer Vokal vor dem s-Laut).
- Schlage im Wörterbuch nach.
- Schaue auf deinem Merkblatt nach.

Lösung:

Die Lösungswörter findest du jeweils auf der Rückseite der einzelnen Lernscheiben.

Station 1:

Lernscheibe

Lernscheiben (Vorderseite)

Scheibenseiten und Hülle kopieren, ausschneiden, Seiten passend zusammenkleben und Scheibe mit einer Musterbeutelklammer zusammenheften, sodass die Scheibe drehbar ist

Lernscheibe 1: Vorderseite

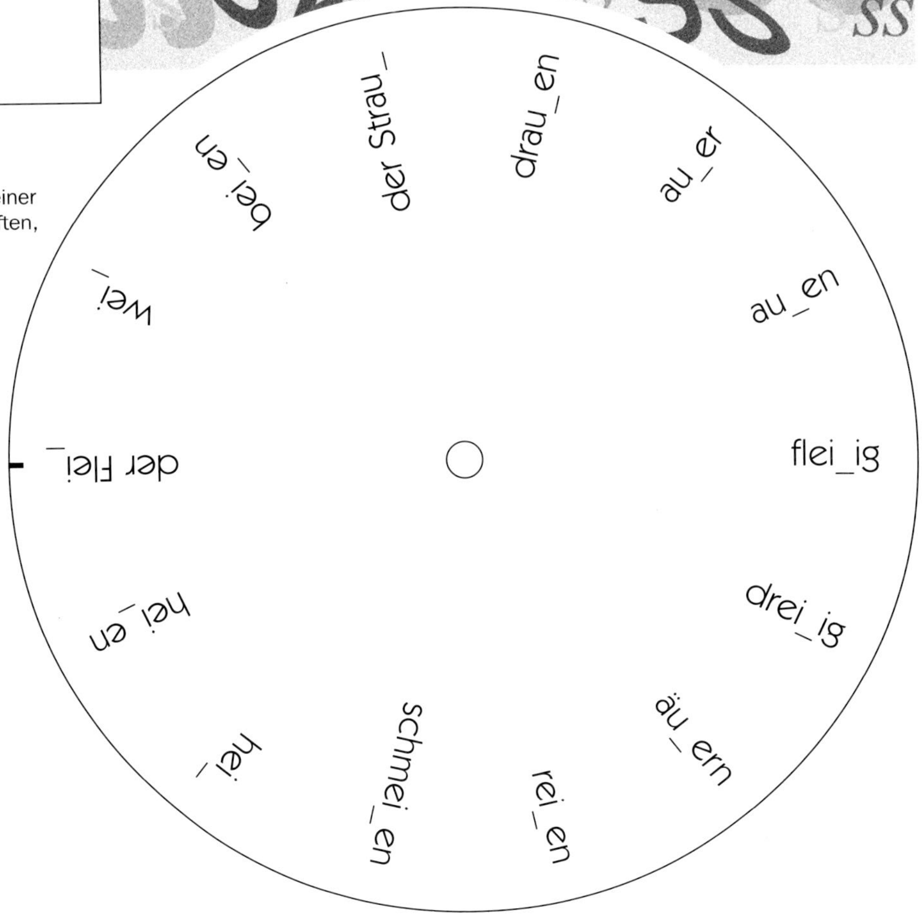

Lernscheibe 2: Vorderseite

Station 1:
Lernscheibe
Lernscheiben (Rückseite)

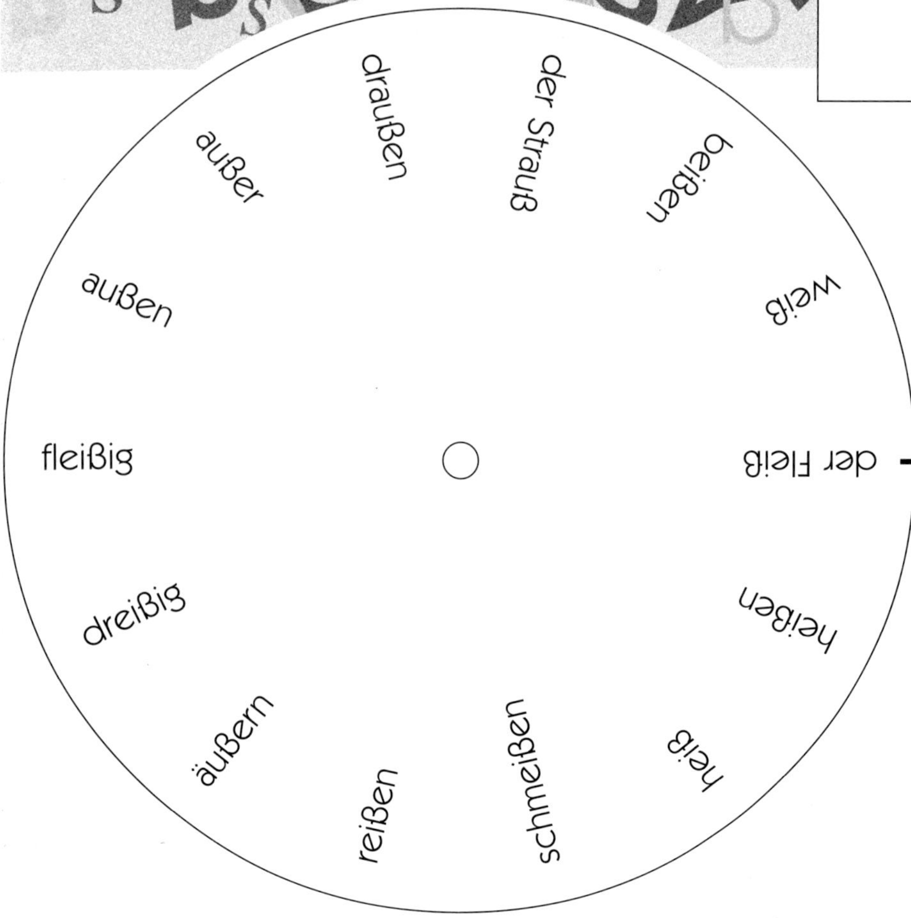

Lernscheibe 1: Rückseite

Lernscheibe 2: Rückseite

Station 1:
Lernscheibe
Hülle

Hülle kopieren, foliieren, ausschneiden und an der Faltlinie knicken

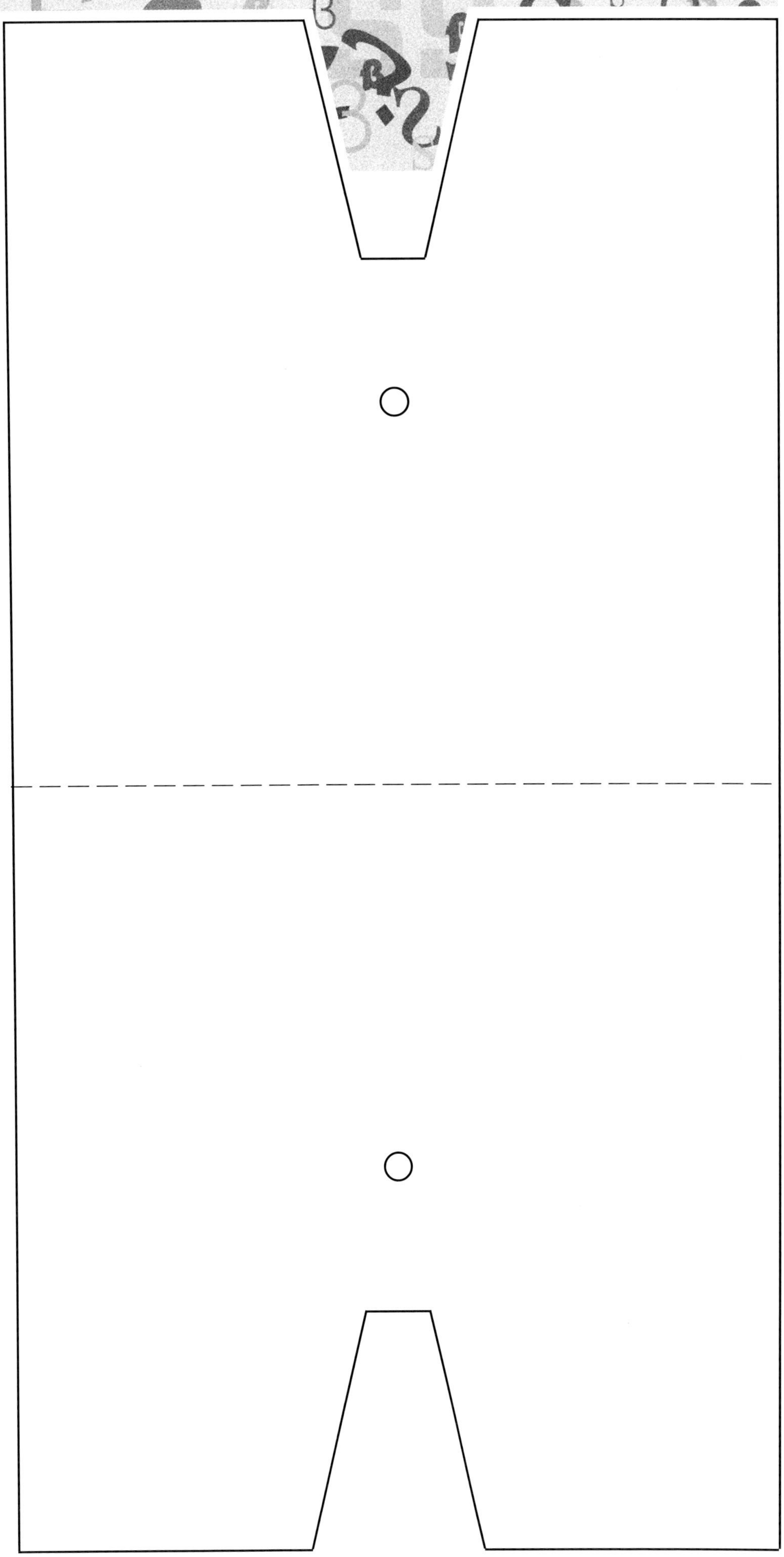

Station 2:

Was ist das?

Aufgabenblatt

Aufgabe:

Mischt alle Kärtchen und verteilt sie verdeckt auf dem Tisch.

Dreht der Reihe nach jeweils zwei Kärtchen um. Passt die deutsche Bedeutung zum Fremdwort, wird das Begriffspaar aufgeschrieben und ihr dürft die Kärtchen behalten. Jetzt ist noch ein weiterer Versuch erlaubt. Stimmen die Paare nicht, kommt ein Mitspieler an die Reihe.

Beachtet, dass zusammengehörige Wortpaare immer aufgeschrieben werden müssen.

Lösung:

die Cleverness – schlaue, geschickte Art und Weise
der Imbiss – kleine Mahlzeit
der Abszess – Eiterherd
die Fitness – gute körperliche Verfassung
der Kompromiss – Übereinkunft durch Zugeständnisse
der Regress – Rückgriff, Ersatzanspruch
die Stewardess – Betreuerin von Fahr-/Fluggästen
der Prozess – Vorgang, Ablauf, Verfahren
der Exzess – Ausschreitung, Maßlosigkeit
der Dress – besondere Kleidung (z.B. Sport)
der Kongress – Zusammenkunft, Versammlung
die Baroness – Freifräulein

Station 2:

Was ist das?

Kärtchen

Kärtchen kopieren, foliieren und ausschneiden

die Cleverness	der Imbiss	der Abszess
die Fitness	der Kompromiss	der Regress
die Stewardess	der Prozess	der Exzess
der Dress	der Kongress	die Baroness

Station 2:

Was ist das?

Kärtchen

Kärtchen kopieren, foliieren und ausschneiden

Eiterherd	kleine Mahlzeit	schlaue, geschickte Art und Weise
Rückgriff, Ersatzanspruch	Übereinkunft durch Zugeständnisse	gute körperliche Verfassung
Ausschreitung, Maßlosigkeit	Vorgang, Ablauf, Verfahren	Betreuerin von Fahr-/Fluggästen
Freifräulein	Zusammenkunft, Versammlung	besondere Kleidung (z.B. Sport)

Station 3:

Dosendiktat

Aufgabenblatt

Aufgabe:

Lege alle Kärtchen zuerst offen auf den Tisch und präge dir die Wörter ein. Lege danach die Kärtchen verdeckt auf einen Stapel.

Drehe jeweils das oberste Wort um, lies es genau und wirf es in die Dose.

Schreibe jetzt das Wort auswendig auf. So verfährst du mit allen Kärtchen.

Sind alle Wortkärtchen in der Dose, entleere sie und prüfe, ob du alles richtig geschrieben hast.

Lösung:

Für diese Station benötigst du keine Lösung.

Wenn du magst, kannst du deine Wörter ja kontrollieren lassen (von einem Mitschüler oder einer Mitschülerin, deinen Eltern, der Lehrerin oder dem Lehrer, ...).

Station 3:

Dosendiktat

Wortkärtchen

Wortkärtchen kopieren, foliieren und ausschneiden

essbar (essen)	**misslingen** (Vorsilbe miss-)	**misstrauen** (Vorsilbe miss-)	**vergesslich** (vergessen)
blässlich (blass)	**missachten** (Vorsilbe miss-)	**missverstehen** (Vorsilbe miss-)	**beeinflussbar** (beeinflussen)
unpässlich (passen)	**missfallen** (Vorsilbe miss-)	**messbar** (messen)	**erpressbar** (erpressen)
genüsslich (der Genuss)	**missmutig** (Vorsilbe miss-)	**hässlich** (hassen)	**fassbar** (fassen)
lässlich (lassen)	**missliebig** (Vorsilbe miss-)	**wässrig** (das Wasser)	**unerlässlich** (erlassen)
misslich (missen)	**missgestimmt** (Vorsilbe miss-)	**bisschen** (der Bissen)	**gewisslich** (das Gewissen)
pressbar (pressen)	**missbilligen** (Vorsilbe miss-)	**unermesslich** (messen)	**verlässlich** (verlassen)

Station 4:

Würfelsätze

Aufgabenblatt

Aufgabe:

Würfle zuerst mit dem Zeitstufen-Würfel, damit du weißt, welche Zeitform du benutzen sollst.

Würfle anschließend mit den drei anderen Würfeln.

Bilde mit den gewürfelten Wörtern einen grammatikalisch richtigen Satz und schreibe ihn auf.

Wenn du Lust hast, verschiebe die Satzglieder, so oft es möglich ist.

Hinweise:

Hier findest du ein Beispiel:

Zeitstufe: Präteritum
Würfel 1: Heidi
Würfel 2: essen
Würfel 3: Zitroneneis

Satz 1: Heidi aß Zitroneneis.
Satz 2: Zitroneneis aß Heidi.
Satz 3: Aß Heidi Zitroneneis?

Lösung:

Deine Sätze kannst du selbst mit dem Wörterbuch kontrollieren.

Wenn du magst, kannst du deine Sätze auch kontrollieren lassen (von einem Mitschüler oder einer Mitschülerin, deinen Eltern, der Lehrerin oder dem Lehrer, ...).

Station 4:

Würfelsätze

Würfelvorlage

Würfelvorlagen kopieren, ausschneiden und zusammenkleben oder um Holzwürfel kleben und foliieren.

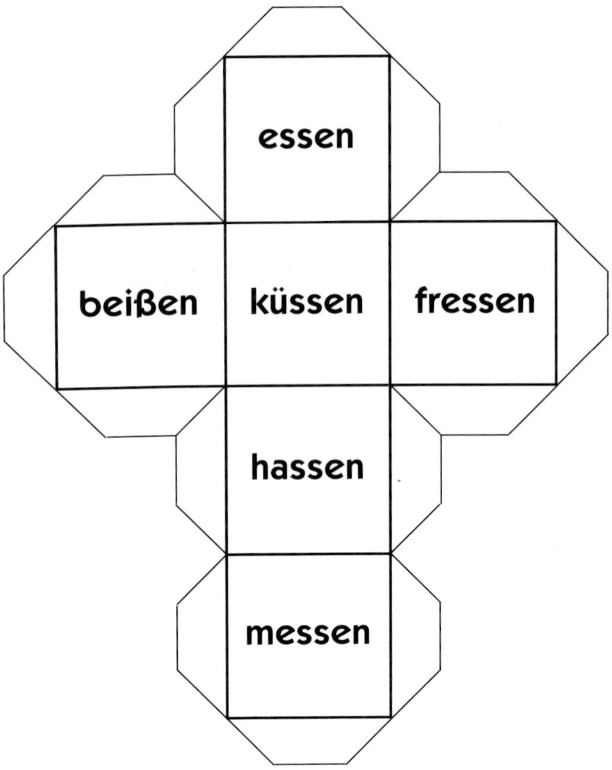

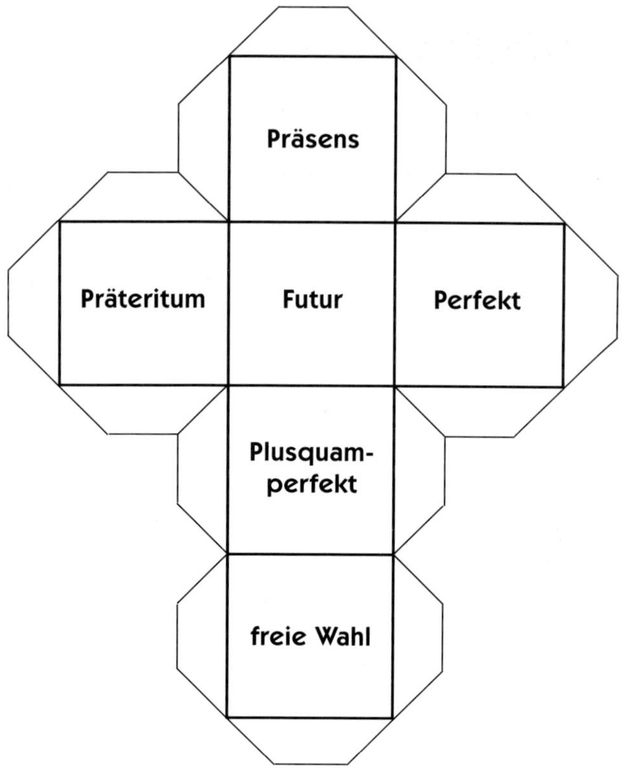

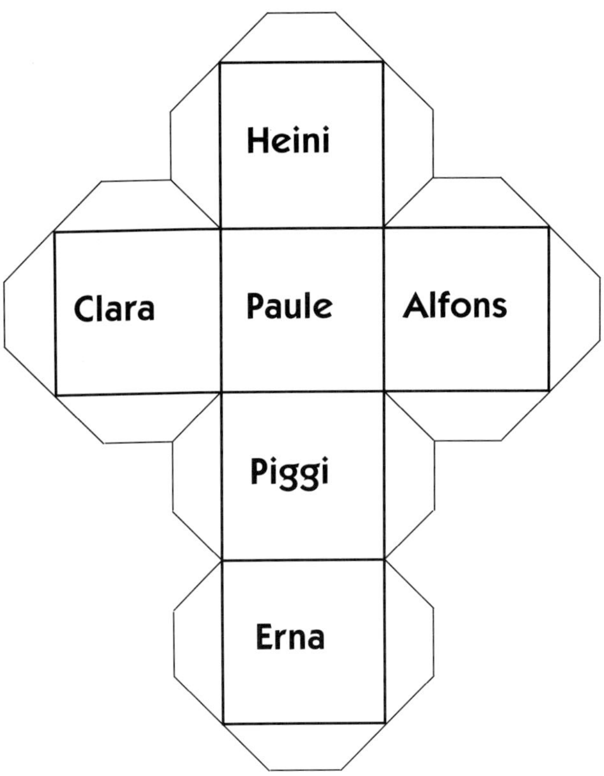

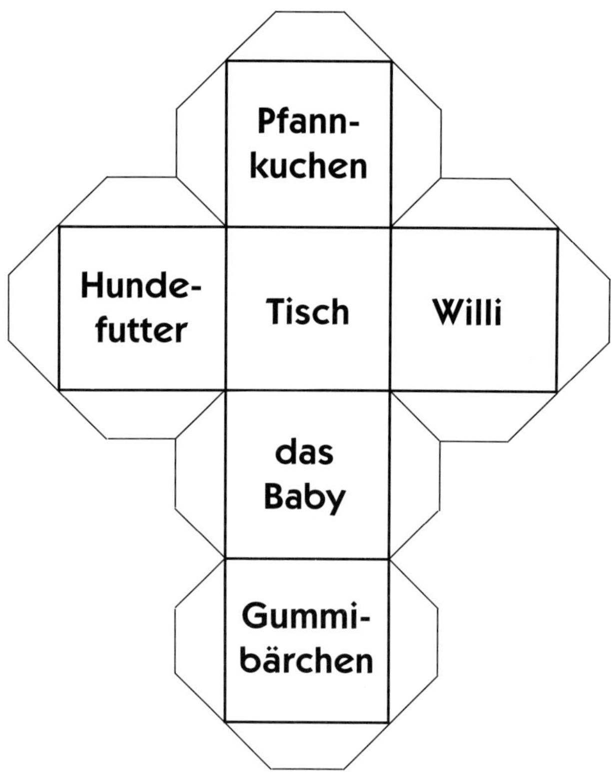

Station 5:

Wörtermaschine

Aufgabenblatt

Aufgabe:

Schiebe zuerst alle drei Wörterstreifen in die Schlitze.

Schiebe die Streifen so hin und her, dass jeweils das Adjektiv, Verb und Substantiv einer Wortfamilie im Fenster erscheinen.

Präge dir die Schreibweisen ein und schreibe die Wörterreihe auf.

Hinweise:

Hier findest du ein Beispiel:

dressieren – dressiert – die Dressur

Wenn du Lust hast, kannst du eigene Wörterstreifen für dich und deine Klasse herstellen.

Lösung:

hassen	hässlich	Hass
wässern	wässrig	Wasser
beißen	bissig	Biss
essen	essbar	Essen
schließen	schlüssig	Schluss
reißen	rissig	Riss
passen	pässlich	Pass
fassen	fassbar	Fass

Station 5:

Wörtermaschine

Wörterstreifen für Wörtermaschine

Streifen kopieren und ausschneiden. Die Vorderseite der Wörtermaschine foliieren und die Fenster ausschneiden. Die Rückseite foliieren und entlang der gestrichelten Linien hinter das Vorderteil mit den Fenstern kleben.

hassen	**pässlich**	**Biss**
wässern	**essbar**	**Riss**
beißen	**bissig**	**Essen**
essen	**rissig**	**Pass**
schließen	**fassbar**	**Wasser**
reißen	**hässlich**	**Hass**
fassen	**schlüssig**	**Schluss**
passen	**wässrig**	**Fass**

Station 6:

Wörterdomino

Aufgabenblatt

Aufgabe:

Lege zuerst alle Dominokärtchen auf den Tisch.

Überlege, welche beiden Wortteile zusammengehören, und füge sie aneinander.

Präge dir die Wörter gut ein und schreibe sie zur Übung auf.

Hinweise:

Wenn du Lust hast, kannst du eigene Dominokarten für dich und deine Klasse herstellen.

Lösung:

Omnibusse	Haselnuss	Walnuss	Zuschuss
Abschlüsse	Ausschluss	Einflüsse	Vorschuss
Geschoss	Verdruss	Regengüsse	Musenkuss
Steckschloss	Überschuss	Genuss	Abriss
Koloss	Grundriss	Verrisse	Schlachtross

Station 6:

Wörterdomino

Dominokärtchen

Dominokärtchen kopieren, foliieren und ausschneiden

risse	Hasel	nuss	Omni
busse	Aus	schluss	Ab
schlüsse	Ver	druss	Ge
schoss	Über	schuss	Steck
schloss	Grund	riss	Ko
oss	Zu	schuss	Wal
nuss	Vor	schuss	Ein
flüsse	Musen	kuss	Regen
güsse	Ab	riss	Ge
nuss	Schlacht	ross	Ver

Station 7:

Satzpuzzle

Aufgabenblatt

Aufgabe:

Lege zuerst alle Puzzleteile auf dem Tisch aus.

Setze jetzt das Puzzle zusammen.

Schreibe den kurzen Text auf.
Beachte dabei die Schreibung der Konjunktion „dass“.

Hinweise:

Schreibe selbst einen Text und gestalte ein eigenes Satzpuzzle. Verwende dabei immer Sätze mit „dass“. Dein Puzzle wird dann von deinen Mitschülern und Mitschülerinnen zusammengesetzt.

Lösung:

Horst trödelte, sodass er zu spät zur Schule kam.
Er erreichte den Bioraum, ohne dass es jemand merkte.
So kam es, dass kein Eintrag erfolgte.
Glück gehabt!

Station 7:

Satzpuzzle

Puzzleteile

Puzzleteile kopieren und foliieren, einzelne Teile ausschneiden.

Horst	trödelte,	sodass	er
zu spät	zur	Schule	kam.
Er	erreichte	den	Bioraum,
ohne dass	es	jemand	merkte.
So	kam	es,	dass
kein	Eintrag	erfolgte.	Glück gehabt!

Station 8:

Würfelspiel

Aufgabenblatt

Aufgabe:

Legt alle Kärtchen verdeckt auf einen Stapel.

Würfelt der Reihe nach. Rückt mit eurer Spielfigur jeweils um die gewürfelte Augenzahl vor.

Wenn ihr auf ein schwarzes Feld gelangt, nehmt ein Kärtchen, nennt die richtige Schreibweise und notiert die Wörter oder Sätze. Die Kärtchen werden dann aus dem Spiel genommen. (Die kleinen grauen Verbindungsfelder braucht ihr übrigens bei diesem Spiel nicht).

Weitere Spielregeln könnt ihr selbst festlegen.

Hinweise:

Spielmaterial:

Spielplan, Spielfiguren (in unterschiedlichen Farben), Würfel oder Würfelkreisel, Wörterliste, Kärtchen.

Wenn ihr euch nicht sicher seid, wie das Wort geschrieben wird, helfen euch folgende Überlegungen:

- Sucht nach Wortverwandten (Substantive, Verben, Adjektive, ...).
- Bildet den Infinitiv (Verben) bzw. Singular/Plural (Substantive).
- Sprecht das Wort deutlich aus (kurzer/langer Vokal vor dem s-Laut).
- Schlagt im Wörterbuch nach.
- Schaut auf eurem Merkblatt nach.

Lösung:

Mit Hilfe der Wörterliste könnt ihr die korrekte Schreibweise abgleichen.

Station 9:

Regelspiel

Aufgabenblatt

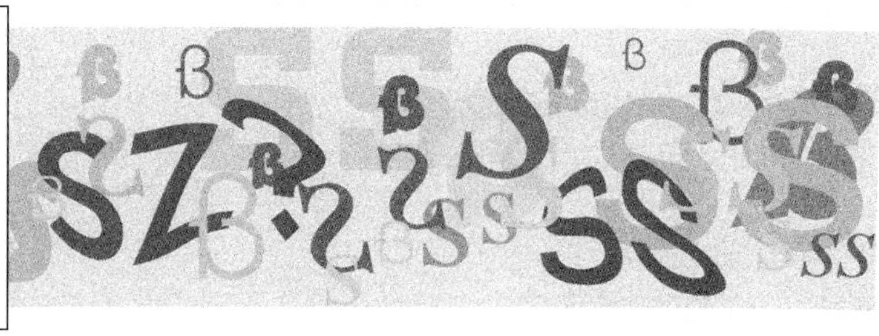

Aufgabe:

Legt alle Kärtchen verdeckt auf einen Stapel.

Würfelt der Reihe nach. Rückt jeweils mit eurer Spielfigur um die gewürfelte Augenzahl vor.

Wenn ihr auf ein graues Feld gelangt, von dem aus eine Abkürzung nach unten führt, nehmt ihr ein Kärtchen und bestimmt, ob die fehlenden s-Laute in den Wörtern/Sätzen stimmhaft oder stimmlos sind. Wenn eure Antwort stimmt, wird das Kärtchen aus dem Spiel genommen und ihr dürft die Abkürzung benutzen. Ist eure Antwort nicht richtig, bleibt die Karte im Spiel und ihr müsst eine Runde aussetzen.

Wenn ihr auf ein graues Feld gelangt, von dem aus der Weg nach oben führt, nehmt ihr ein Kärtchen und teilt mit, ob die fehlenden s-Laute in den Wörtern/Sätzen nach kurzem Vokal oder langem Vokal bzw. Diphtong stehen. Wenn eure Antwort stimmt, wird das Kärtchen aus dem Spiel genommen und ihr dürft weiterziehen. Ist eure Antwort nicht richtig, bleibt die Karte im Spiel und ihr müsst den „Strafmarsch“ zurück antreten.

Die schwarzen Felder braucht ihr bei diesem Spiel nicht.

Hinweise:

Spielmaterial:

Spielplan, Spielfiguren in unterschiedlichen Farben, Würfel oder Würfelkreisel, Wörterliste, Kärtchen.

Wenn ihr euch nicht sicher seid, wie das Wort geschrieben wird, helfen euch folgende Überlegungen:

- Sucht nach Wortverwandten (Substantive, Verben, Adjektive, ...).
- Bildet den Infinitiv (Verben) bzw. Singular/Plural (Substantive).
- Sprecht das Wort deutlich aus (kurzer/langer Vokal vor dem s-Laut).
- Schlagt im Wörterbuch nach.
- Schaut auf eurem Merkblatt nach.

Lösung:

Mit Hilfe der Wörterliste könnt ihr die korrekte Schreibweise abgleichen.

Station 8:
Würfelspiel

Station 9:
Regelspiel

Spielplan

Spielplan (evtl. vergrößert) kopieren und foliieren

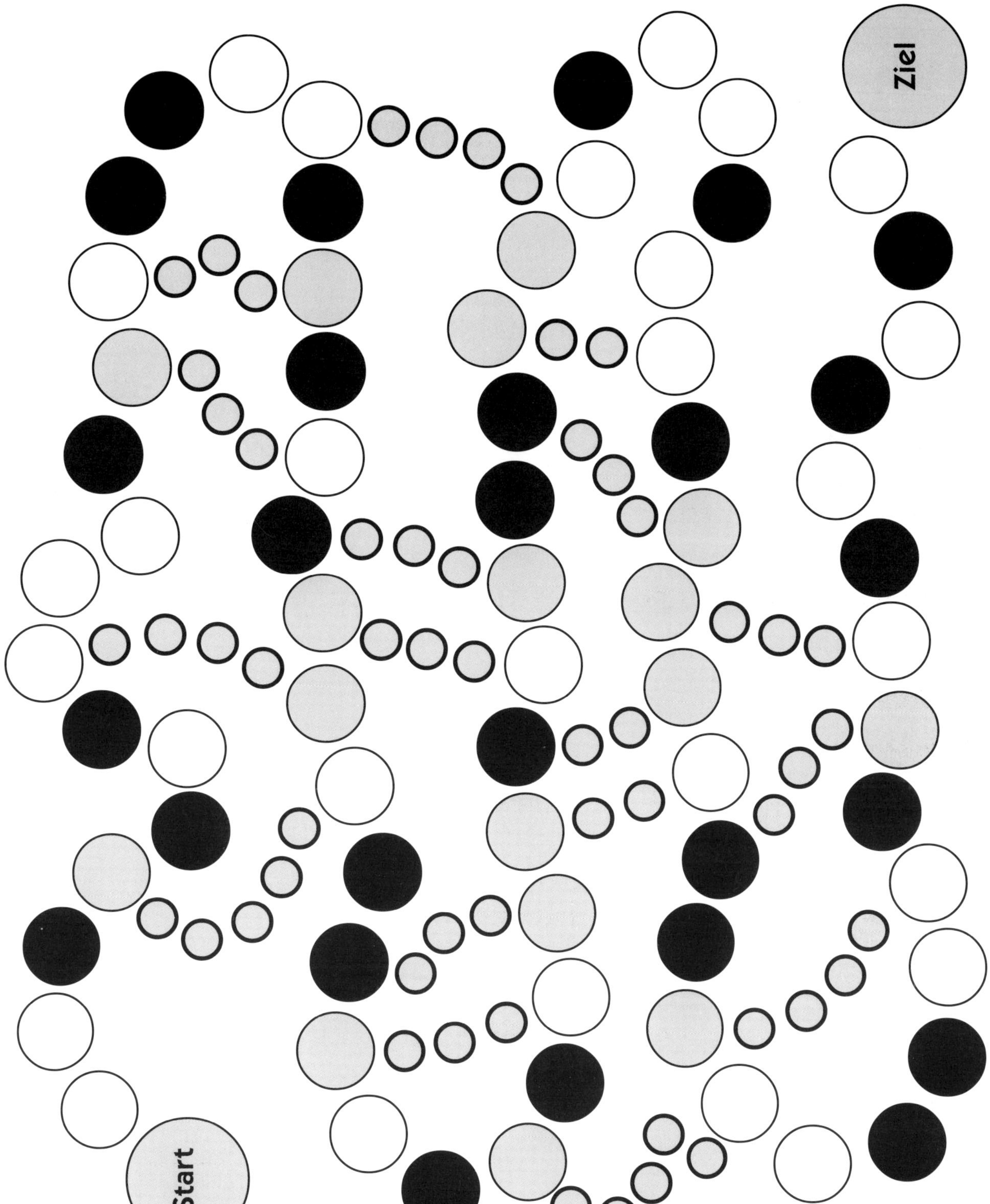

Station 8:
Würfelspiel
Station 9:
Regelspiel

Kärtchen

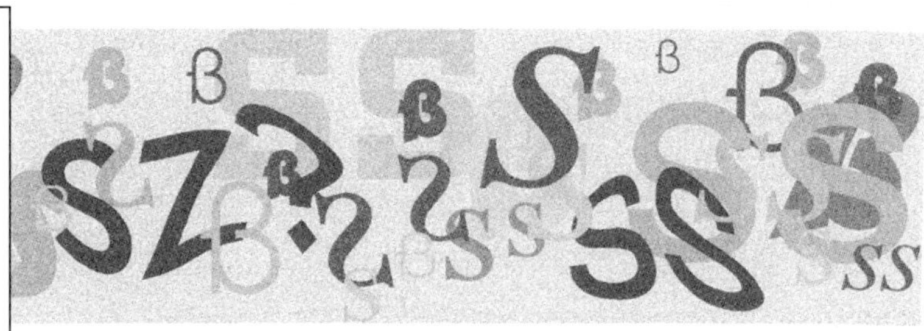

Kärtchen kopieren, foliieren und ausschneiden

Verben

mü_en ich mu_te	ha_en wir ha_ten	la_en sie lie_en	fa_en er fa_te
me_en sie ma_en	genie_en ich geno_	wi_en er wu_te	e_en sie a_en
fre_en es fra_	rei_en sie ri_en	pa_en wir pa_ten	kü_en sie kü_te
flie_en er flo_	verla_en ich verlie_	verge_en wir verga_en	gie_en es go_
bei_en wir bi_en	schlie_en sie schlo_	schmei_en sie schmi_	schie_en sie scho_en
sprie_en es spro_	verdrie_en sie verdro_en	pre_en er pre_te	erla_en sie erlie_en

Adjektive

gro_ grö_er am grö_ten	na_ nä_er am na_esten	bi_ig bi_iger am bi_igsten	gut be_er am be_ten
intere_ant intere_anter am intere_antesten	hei_ hei_er am hei_esten	flei_ig flei_iger am flei_igsten	sü_ sü_er am sü_esten
wei_e wei_er am wei_esten	hä_lich hä_licher am hä_lichsten	kra_ kra_er am kra_esten	schu_lig schu_liger am schu_ligsten

Station 8:
Würfelspiel

Station 9:
Regelspiel

Kärtchen

Kärtchen kopieren, foliieren und ausschneiden

Substantive

die Nü_e die Nu_	die Kü_e der Ku_	die Flü_e der Flu_	die Fä_er das Fa_
die Schlö_er das Schlo_	die Bi_e der Bi_	die Pä_e der Pa_	die Verschlü_e der Verschlu_
die Gebi_e das Gebi_	die Gü_e der Gu_	die Schü_e der Schu_	die Bä_e der Ba_
die Bo_e der Bo_	die Kolo_e der Kolo_	die Proze_e der Proze_	die Ambo_e der Ambo_
die Erla_e der Erla_	die Genü_e der Genu_	die Gescho_e das Gescho_	die Omnibu_e der Omnibu_
die A_e das A_	die Ri_e der Ri_	die Überschü_e der Überschu_	die Abgü_e der Abgu_
die Ha_en der Ha_e	die Ro_en die Ro_e	die Na_en die Na_e	die Va_en die Va_e
die Stra_en die Stra_en	die Grü_e der Gru_	die Sträu_e der Strau_	die Fü_e der Fu_

Sätze

Wir standen drau_en vor der Tür.	Schlie_lich schien wieder die Sonne.	Drei_ig Kinder spielten auf dem Schulhof.	Au_er mir wu_te niemand davon.
Mit wei_er Farbe pinselten alle flei_ig die Wand an.	Karl wu_te, da_ er pünktlich sein mu_te.	Ohne da_ er sich entschuldigte, platzte er herein.	Sie schaute ihn ha_erfüllt an, soda_ er lieber schwieg.

Station 8:
Würfelspiel
Station 9:
Regelspiel

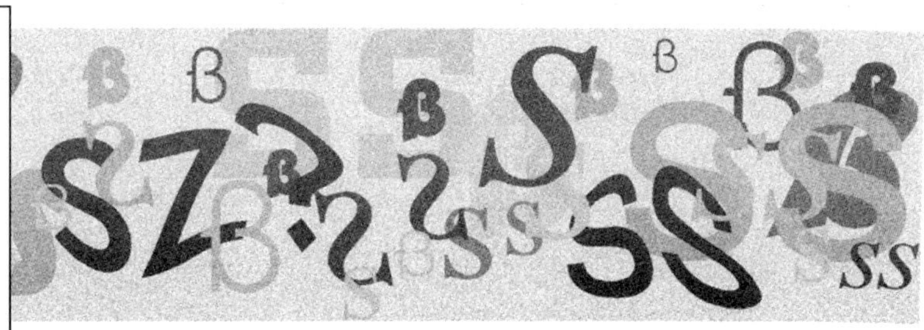

Wörterliste kopieren

Wörterliste

Verben

müssen – ich musste
hassen – wir hassten
lassen – sie ließen
fassen – er fasste
messen – sie maßen
genießen – ich genoss
wissen – er wusste
essen – sie aßen
fressen – es fraß
reißen – sie rissen
passen – wir passten
küssen – sie küsste
fließen – er floss
verlassen – ich verließ
vergessen – wir vergaßen
gießen – es goss
beißen – wir bissen
schließen – sie schloss
schmeißen – er schmiss
schießen – sie schossen
sprießen – es spross
verdrießen – sie verdrossen
pressen – er presste
erlassen – sie erließen

Substantive

die Nüsse – die Nuss
die Küsse – der Kuss
die Flüsse – der Fluss
die Fässer – das Fass
die Schlösser – das Schloss
die Bisse – der Biss
die Pässe – der Pass
die Verschlüsse – der Verschluss
die Gebisse – das Gebiss
die Güsse – der Guss
die Schüsse – der Schuss
die Bässe – der Bass
die Bosse – der Boss
die Kolosse – der Koloss
die Prozesse – der Prozess
die Ambosse – der Amboss
die Erlasse – der Erlass
die Genüsse – der Genuss
die Geschosse – das Geschoss
die Omnibusse – der Omnibus
die Asse – das Ass
die Risse – der Riss
die Überschüsse – der Überschuss
die Abgüsse – der Abguss
die Hasen – der Hase
die Rosen – die Rose
die Nasen – die Nase
die Vasen – die Vase
die Straßen – die Straße
die Grüße – der Gruß
die Sträuße – der Strauß
die Füße – der Fuß

Adjektive

groß – größer – am größten
nass – nässer – am nassesten
bissig – bissiger – am bissigsten
gut – besser – am besten
interessant – interessanter – am interessantesten
heiß – heißer – am heißesten
fleißig – fleißiger – am fleißigsten
süß – süßer – am süßesten
weise – weiser – am weisesten
hässlich – hässlicher – am hässlichsten
krass – krasser – am krassesten
schusslig – schussliger – am schussligsten

Sätze

Wir standen draußen vor der Tür.
Schließlich schien wieder die Sonne.
Dreißig Kinder spielten auf dem Schulhof.
Außer mir wusste niemand davon.
Mit weißer Farbe pinselten alle fleißig die Wand an.
Karl wusste, dass er pünktlich sein musste.
Ohne dass er sich entschuldigte, platzte er herein.
Sie schaute ihn hasserfüllt an, sodass er lieber schwieg.

Komma – aber wo?

Zur Information:

Das Komma macht in erster Linie den grammatikalischen Aufbau von Sätzen deutlich; es hat aber auch die Aufgabe beim Sprechen von Sätzen Pausen zu bezeichnen. Beide Aufgaben lassen sich nicht immer leicht in Einklang bringen. Deshalb ist die richtige Verwendung oft ein großes Problem.
Durch die Neuregelungen werden fehlerträchtige Bereiche entschärft und eine Vielzahl von Regeln außer Kraft gesetzt.
Die Veränderungen betreffen insbesondere folgende Teilbereiche:

- Komma vor „und“ und „oder“ sowie nebenordnenden Konjunktionen
- Komma bei Infinitiv- und Partizipialgruppen
- Komma bei der wörtlichen Rede

Die einzelnen Stationen haben folgende Übungsschwerpunkte:

Station	Bezeichnung	Übungsschwerpunkte
1	Farm der Tiere	„und“, „oder“, nebenordnende Konjunktionen
2	Satzkreis	„und“, „oder“, nebenordnende Konjunktionen
3	Rätseltexte	Komma bei Aufzählungen
4	Namensquartett	Komma bei Aufzählungen
5	Verkehrsschilder	Infinitivgruppen
6	Alle an Bord	Infinitivgruppen
7	Sport	Partizipialgruppen
8	Mönch und Mörder	direkte und indirekte Rede
9	Bauer und Knecht	Zeichensetzung (allgemein)

Vorbereitung der Lernmaterialien

Station	Bezeichnung	
1	Farm der Tiere	Spielplan kopieren, evtl. bunt anmalen und foliieren Würfel-/Wortkreisel herstellen
2	Satzkreis	Stühle bereitstellen
3	Rätseltexte	Satzstreifen kopieren, foliieren und ausschneiden
4	Namensquartett	Karten kopieren, foliieren und ausschneiden
5	Verkehrsschilder	Karten kopieren, foliieren und ausschneiden
6	Alle an Bord	Arbeitsblatt in gewünschter Menge kopieren
7	Sport	Kärtchen kopieren, ausschneiden und foliieren
8	Mönch und Mörder	Textvorlage kopieren, foliieren und Puzzleteile ausschneiden
9	Bauer und Knecht	Arbeitsblatt in gewünschter Menge kopieren

Merkblatt
Zeichensetzung

Komma, aber wo?

Wörtliche Rede

Wenn der Begleitsatz der wörtlichen Rede folgt, wird jetzt immer ein Komma gesetzt.

Beispiele:
„Kommst du heute?“, fragt die Tante.
„Seid endlich ruhig!“, ruft der Nachbar.

„und – oder – ...“

Bei eng zusammengehörenden Sätzen mit nebenordnenden Konjunktionen setzt man kein Komma.

Dies gilt für die Konjunktionen:
und – oder – sowie – wie –
beziehungsweise –
entweder ... oder –
nicht ... noch –
sowohl ... als (auch) –
sowohl ... wie (auch) –
weder ... noch –

Beispiel:
Gerd ging weg und Linda kam herein.

Merksatz

Zur Verdeutlichung der Gliederung des Gesamtsatzes gilt, dass ein Komma gesetzt werden kann, aber nicht muss!

Infinitiv- und Partizipialgruppen

Infinitivsätze und partizipiale Ausdrücke als Satzglieder und Attribute werden in der Regel nicht durch Komma vom Gesamtsatz getrennt.

Beispiele:
Sie tragen Knieschoner um sich nicht zu verletzen.
Gestärkt durch einen Schluck Wasser stürmte er dem Ziel entgegen.

Um Missverständnisse auszuschließen, sollte in manchen Fällen ein Komma gesetzt werden.

Beispiel:
Er überlegte, gestern zu euch zu kommen.
Er überlegte gestern, zu euch zu kommen.

Wenn der Satz zu unübersichtlich wird, sollte ebenfalls ein Komma gesetzt werden.

Beispiel:
Er hatte den Vertrag (,) nervös mit den Fingern trommelnd (,) unterschrieben (,) ohne ihn vorher gelesen zu haben (,) um schnell nach Hause zukommen.

Ein Komma **muss** gesetzt werden, wenn ein hinweisendes Wort eine Wortgruppe ankündigt.

Beispiel:
Sie hatte die **Absicht**, als Nächstes Afrika zu bereisen.
Der Auftrag bestand **darin**, alles fristgerecht auszuführen.

Komma, aber wo?

Laufzettel:

Name: ....

Klasse: .... Schuljahr: ....

ohne Partner — mit Partner/ in der Gruppe

✗ Aufgabe bearbeitet

Nr.	Lernstationen		✗
1	Farm der Tiere		○
2	Satzkreis		○
3	Rätseltexte		○
4	Namensquartett		○
5	Verkehrsschilder		○
6	Alle an Bord		○
7	Sport		○
8	Mönch und Mörder		○
9	Bauer und Knecht		○

Station 1:

Farm der Tiere

Aufgabenblatt

Aufgabe:

Ihr beginnt alle am Startfeld (Traktor). Würfelt reihum und rückt jeweils um die gewürfelte Augenzahl vor. Notiert euch die Wörter aus den Feldern, die ihr im Verlauf des Spiels ansteuert, auf einem Extrablatt. Auf die Abbildungen werden vom ersten Spieler, der auf das entsprechende Feld kommt, die jeweiligen Tiernamen geschrieben. Wenn ihr eine 1 oder eine 6 würfelt, zieht ihr nicht weiter, sondern dreht den Konjunktionen-Kreisel und schreibt das entsprechende Bindewort auf.

Sobald ihr alle am Ziel (Bauernhaus) angelangt seid, bildet jeder aus den aufgeschriebenen Wörtern und Ausdrücken möglichst viele (Unsinns-)Sätze.

Vergesst nicht eure Sätze gegenseitig zu kontrollieren und am Schluss vorzulesen.

Bestimmt fallen euch auch noch weitere Spielregeln ein.

Hinweise:

Spielmaterial:

1 Würfel, Spielplan, Spielfiguren in unterschiedlichen Farben, Notizblock, Schreibzeug, Wörterbücher, Konjunktionen-Kreisel.

Falls ihr die Kommaregeln nicht mehr wisst, schaut auf eurem Merkblatt nach.

Lösung:

Beispielsätze:

- Der Esel schleicht lautlos und die Gans tanzt vergnügt.
- Eine Fliege schläft weder in der Küche noch wandert sie auf der Wiese.

Komma

Station 1:

Farm der Tiere

Spielplan

Komma, aber wo?

Ziegen müssen meckern und ... bellen, müssen Hunde und Kühe muhen und brüllen die Katzen miauen und kratzen.

Spielplan kopieren, evtl. bunt anmalen und foliieren

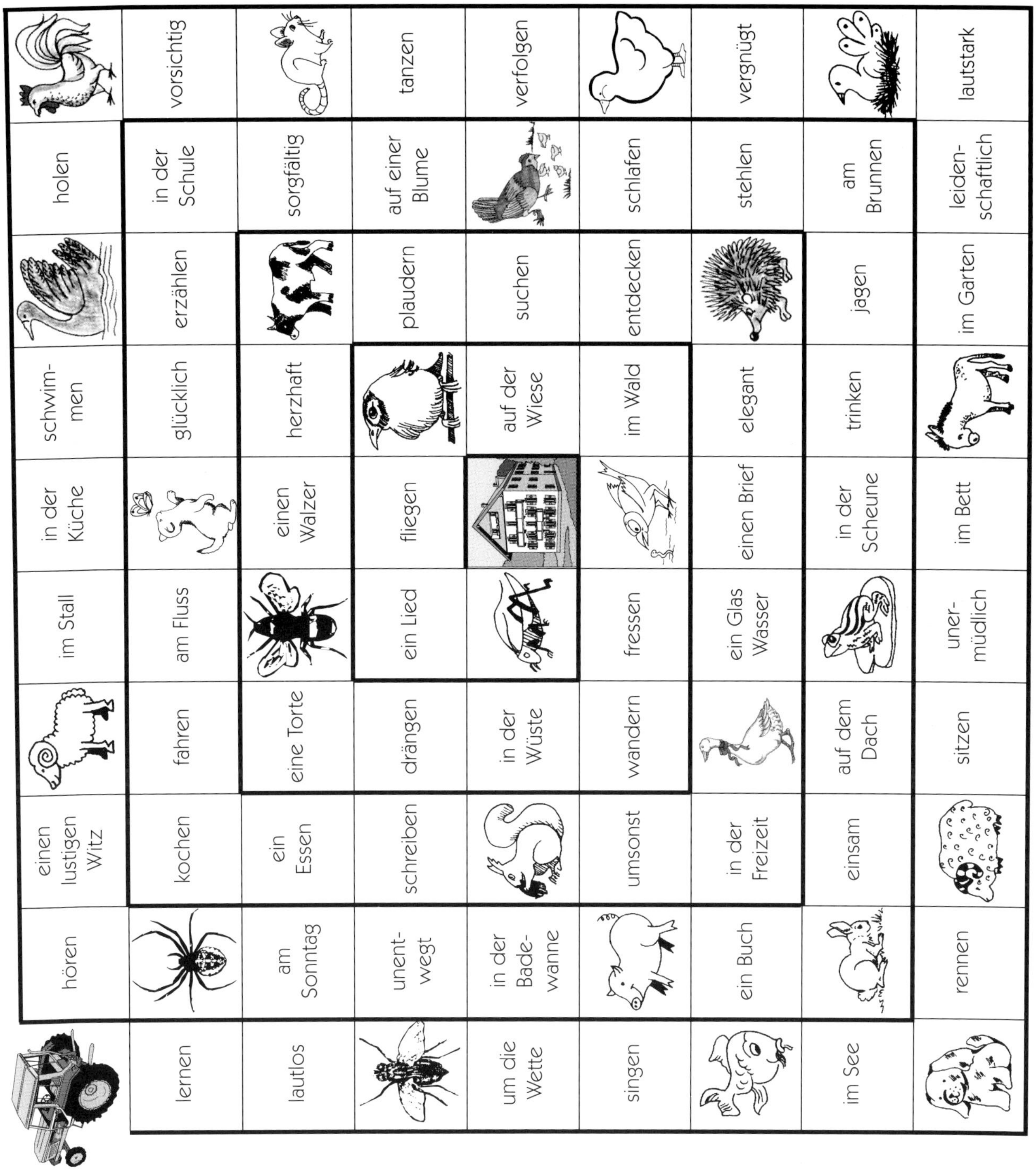

Station 1:

Farm der Tiere

Konjunktionen-Kreisel

Komma, aber wo?

müssen Hunde und Kühe muhen und brüllen die Katzen miauen und kratzen.

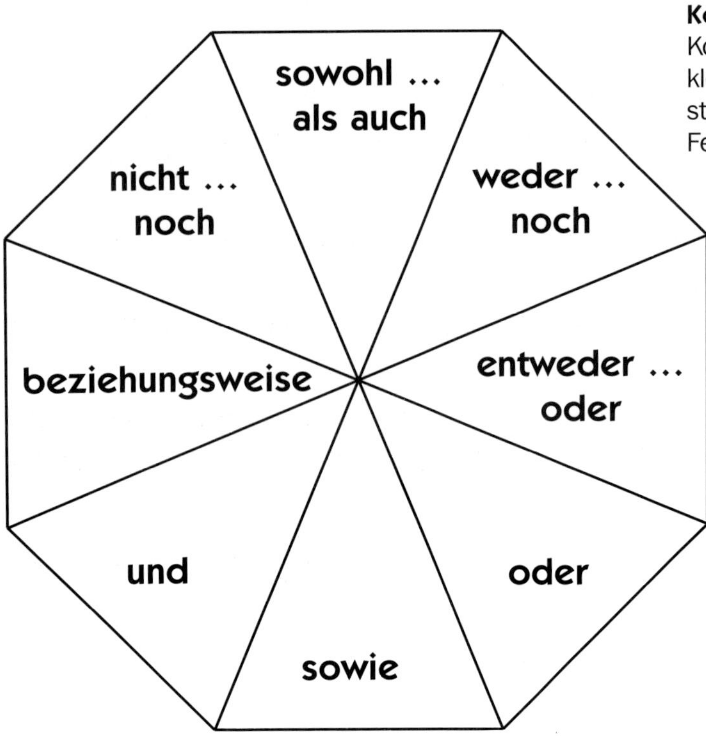

Konjunktionen-Kreisel
Kopieren, ausschneiden und auf ein Stück Karton kleben. Durch die Mitte einfach einen Zahnstocher stecken. Bunt bemalen nicht vergessen! Fertig!

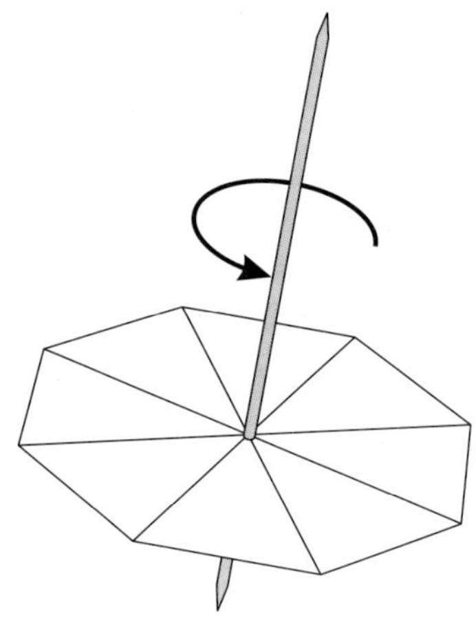

Als Würfelersatz oder -variante bietet sich dieser Kreisel an.

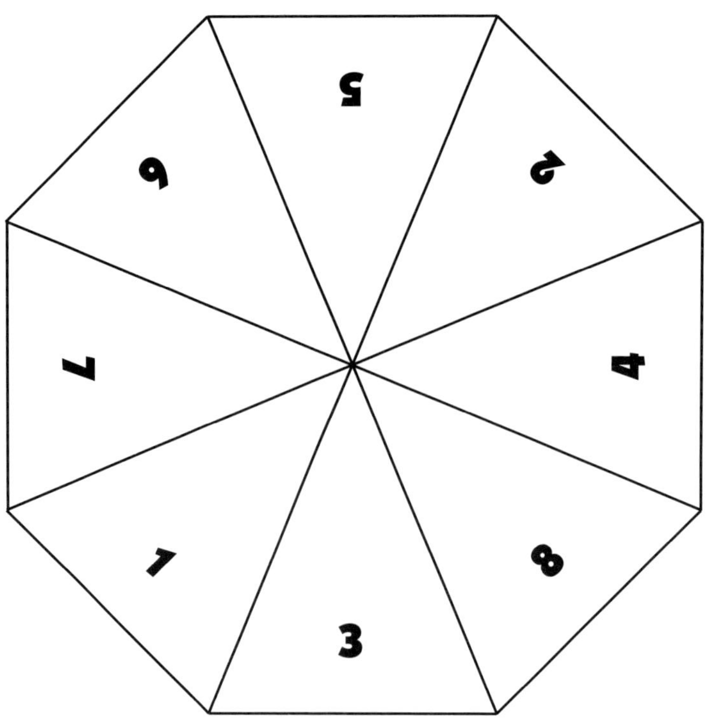

Station 2:

Satzkreis

Aufgabenblatt

Aufgabe:

Setzt euch zusammen in einen Stuhlkreis. Ein Stuhl bleibt leer.

Derjenige, der rechts neben dem freien Stuhl sitzt, rückt dorthin und spricht dabei: „Ich sitze ...“
Der Spieler, der daneben saß, rückt ebenfalls auf den nun frei gewordenen Platz und ruft: „... in der Schule ...“
Ebenso rückt der nächste Mitspieler weiter und sagt dabei: „... und denke an ...“
Er nennt den Namen eines Spielers, der sich auf den freien Stuhl setzen soll. Dieser hinterlässt wiederum einen freien Stuhl, bei dem das Spiel von vorne beginnt.

Ihr könnt natürlich auch ganz andere Sätze bilden. Wichtig ist nur, dass darin ein „und“ vorkommt.

Bestimmt fallen euch auch noch weitere Spielregeln ein.

Variation:

Verwendet statt „und“ alle nebenordnenden Konjunktionen aus Station 1.

Station 3:
Rätseltexte
Aufgabenblatt

Aufgabe:

Lege die Satzstreifen in der richtigen Reihenfolge auf den Tisch.

Überlege, wo Kommas gesetzt werden müssen, damit die Sätze einen Sinn ergeben.

Schreibe den Rätseltext fehlerfrei mit allen Satzzeichen auf.

Hinweis:

Wenn du dir nicht ganz sicher bist, lies die Kommaregeln nochmals auf dem Merkblatt nach.

Lösung:

Es stand an einer Wand:
Zehn Finger habe ich, an jeder Hand
sind es fünf, und zwanzig Zehen
und Finger habe ich zusammen.
Zehn Zehen habe ich, an jedem Fuß
sind es fünf, und zwanzig Finger
und Zehen habe ich zusammen.

Ziegen müssen meckern, und bellen
müssen Hunde, und Kühe muhen
und brüllen, die Katzen
miauen und kratzen.

Der Bäcker backt Brot, und Häuser
mauert der Maurer, die Pflanzen
gießt der Gärtner, die Kühe
melkt der Bauer, die Post
bringt der Postbote, den Kamin
fegt der Schornsteinfeger, die Kommas
setzt der Schüler fein
richtig in die Sätze ein?

Im Saal stand der Minister, auf dem Kopf
den Zylinder, am Fuß
schwarze Lackschuhe, in der Hand
einen Spazierstock, hinter dem Ohr
die Zwickerschnur, eifrig ins Gespräch vertieft.

Station 3:

Rätseltexte

Satzstreifen

Komma, aber wo?

Ziegen müssen meckern und bellen müssen Hunde und Kühe muhen und brüllen die Katzen miauen und kratzen.

Satzstreifen kopieren, foliieren und ausschneiden

Text 1:

Es stand an einer Wand:
Zehn Finger habe ich an jeder Hand
sind es fünf und zwanzig Zehen
und Finger habe ich zusammen.
Zehn Zehen habe ich an jedem Fuß
sind es fünf und zwanzig Finger
und Zehen habe ich zusammen.

Text 2:

Ziegen müssen meckern und bellen
müssen Hunde und Kühe muhen
und brüllen die Katzen
miauen und kratzen.

Text 3:

Der Bäcker backt Brot und Häuser
mauert der Maurer die Pflanzen
gießt der Gärtner die Kühe
melkt der Bauer die Post
bringt der Postbote den Kamin
fegt der Schornsteinfeger die Kommas
setzt der Schüler fein
richtig in die Sätze ein?

Text 4:

Im Saal stand der Minister auf dem Kopf
den Zylinder am Fuß
schwarze Lackschuhe in der Hand
einen Spazierstock hinter dem Ohr
die Zwickerschnur eifrig im Gespräch vertieft.

Station 4:

Namensquartett

Aufgabenblatt

Aufgabe:

Die Spielregeln für Quartettspiele kennt ihr sicherlich. Wenn nicht, lasst ihr sie euch erklären.

Versucht nun so viele Quartette wie möglich zu bekommen. Wenn alle Quartette abgelegt sind, schreibt ihr die Sätze auf, die sich aus euren Quartettkarten ergeben. Dabei sollt ihr jeweils in einem Satz aufzählen, was die einzelnen Kinder machen. Denkt dabei an die entsprechenden Konjunktionen.

Kontrolliert euch zum Schluss bitte gegenseitig.

Hinweise:

Spielmaterial:

Spielkarten, Wörterbücher, Papier und Schreibzeug.

Wenn ihr euch nicht ganz sicher seid, lest die betreffenden Kommaregeln nochmals auf dem Merkblatt nach.

Lösung:

Beispielsätze:

Paulo kickt, Paul strickt, Pauline flickt und Paula sich drückt.

Nico liest, Nicola malt, Nicolas schreibt und Nicole träumt.

Station 4:

Namensquartett

Quartettkarten

Karten (evtl. vergrößert) kopieren, foliieren und ausschneiden

NICO liest	**NICOLA** malt	**NICOLAS** schreibt	**NICOLE** träumt
STEFFEN isst	**STEFFI** spült	**STEFANIE** serviert	**STEFAN** trocknet ab
MICHEL sägt	**MICHAELA** misst	**MICHAEL** bohrt	**MICHI** schraubt
ALEXANDER saugt	**ALEXA** staubt ab	**ALEX** wischt auf	**ALEXANDRA** fegt
ULI klebt	**ULLA** faltet	**ULRIKE** schneidet	**ULRICH** malt an

Station 4:

Namensquartett

Quartettkarten

JOHANNES fährt Rad	**JOHANNA** schwimmt	**HANNES** joggt	**HANNA** spielt Ball
KARL kauft ein	**KARLA** schneidet Gemüse	**KARLO** kocht	**KAROLINE** räumt auf
MARKUS jammert	**MARIA** seufzt	**MARCO** schluchzt	**MARCELLA** stöhnt
ANDREAS läuft	**ANDREA** spielt Tennis	**ANDY** macht Joga	**ANNA** surft
PAULO kickt	**PAULINE** flickt	**PAUL** strickt	**PAULA** sich drückt

Station 5:

Verkehrs-schilder

Aufgabenblatt

Aufgabe:

Lege zuerst alle Abbildungen und die Erklärungen auf den Tisch.

Ordne jetzt die Erklärungen den einzelnen Verkehrszeichen zu.

Bilde danach zu jedem Verkehrsschild mindestens einen Satz mit einem erweiterten Infinitiv.

Hinweise:

Du benötigst alle Abbildungen mit den jeweiligen Erklärungen.

Wenn du dir nicht ganz sicher bist, lies die betreffende Kommaregel nochmals auf dem Merkblatt nach.

Vielleicht verwendest du folgende Ausdrücke: verboten sein, untersagt sein, nicht erlaubt sein, gefährlich sein, nicht gestattet sein, erlaubt sein, empfehlenswert sein ...

Lösung:

Beispielsätze:

Steinschlag: Es ist nicht empfehlenswert das Schiebedach zu öffnen.

Parkplatz: Es ist erlaubt Fahrzeuge abzustellen.

Autobahnende: Es ist vorgeschrieben die Geschwindigkeit zu senken.

Lasse deine Sätze kontrollieren (von einem Mitschüler oder einer Mitschülerin, deinen Eltern, der Lehrerin oder dem Lehrer, ...).

Station 5:

Verkehrs-schilder

Abbildungs- und Erklärungskärtchen

Kärtchen kopieren, foliieren und ausschneiden.

Fußgängerüberweg

nicht überholen
Geschwindigkeit senken

Steinschlag

nicht halten und parken
stets bremsbereit sein
Schiebedach schließen

Verbot der Einfahrt

nicht hineinfahren
Fahrräder schieben

Halteverbot

keine Fahrzeuge abstellen

Höchstgeschwindigkeit

nicht schneller als … fahren

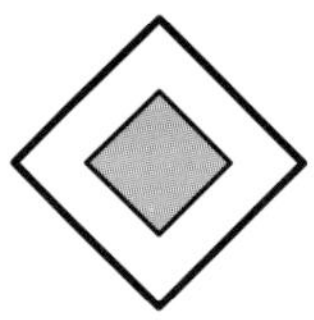

Vorfahrtstraße

trotzdem vorsichtig fahren

Parkplatz

Fahrzeuge abstellen

Ende der Autobahn

Geschwindigkeit senken

Ortsende

Geschwindigkeit wieder erhöhen

Gegenverkehr

auf Gegenverkehr einstellen

Station 6:

Alle an Bord

Aufgabenblatt

Zie... müssen Hunde und Kühe muhen und brüllen die Katzen miauen und kratzen.

Aufgabe:

Lies dir zuerst in Ruhe das kurze Ferienerlebnis durch.

Forme die Gliedsätze um und bilde Infinitivsätze.

Hinweis:

Wenn du dir nicht ganz sicher bist, lies die betreffende Kommaregel nochmals auf dem Merkblatt nach.

Lösung:

Am Bootsverleih mussten wir warten um ein Tretboot mieten zu können.

Bei dem Gedränge glaubten wir Pech zu haben.

Aber dann hatten wir das Glück doch das letzte Boot zu bekommen.

Dieses kleine Ding machte zwar nicht den Eindruck wasserdicht zu sein.

Doch wir waren zufrieden überhaupt ein Boot zu haben.

Wir traten in die Pedale, um nichts von der kostbaren Zeit zu verlieren.

Im Übereifer fingen wir zuerst an uns ständig im Kreis zu drehen.

Eine Weile benötigten wir, um das Treten aufeinander abzustimmen.

Endlich schafften wir es zügig geradeaus zu fahren.

Der alte Kahn war wirklich seetauglich genug, um uns nach einer Stunde heil zur Anlegestelle zurückzubringen.

Station 6:

Alle an Bord

Textvorlage

Am Bootsverleih mussten wir warten, damit wir ein Tretboot mieten konnten.

Bei dem Gedränge glaubten wir, dass wir Pech haben werden.

Aber dann hatten wir das Glück, dass wir doch das letzte Boot bekamen.

Dieses kleine Ding machte zwar nicht den Eindruck, dass es ganz wasserdicht sei.

Doch wir waren zufrieden, dass wir überhaupt ein Boot hatten.

Wir traten in die Pedale, damit wir nichts von der kostbaren Zeit verloren.

Im Übereifer fingen wir zuerst so an, dass wir uns ständig im Kreis drehten.

Wir benötigten eine Weile, bis wir das Treten aufeinander abgestimmt hatten.

Endlich schafften wir es, dass wir zügig geradeaus fuhren .

Der alte Kahn war wirklich seetauglich genug, sodass er uns nach einer Stunde heil zur Anlegestelle zurückbrachte.

Station 7:

Sport

Aufgabenblatt

Aufgabe:

Lege zuerst die Abbildungen und die Kärtchen mit den partizipialen Ausdrücken auf den Tisch.

Überlege, welche Beschreibung zu welcher Sportart passen könnte, und ordne richtig zu.

Bilde mit den Partizipialgruppen jeweils einen Satz und schreibe ihn auf.

Hinweise:

Lies zur Sicherheit nochmals die entsprechende Regel auf deinem Merkblatt nach.

Verwende zur korrekten Schreibung der Sätze dein Wörterbuch.

Lösung:

Beispielsätze:

- **Kräftig in die Pedale tretend** überquerte der Radrennfahrer die Ziellinie.
- **Den Ball eng führend** umdribbelte der Mittelstürmer die gesamte gegnerische Abwehr.

Kontrolliere selbst oder lasse deine Sätze überprüfen (von einem Mitschüler oder einer Mitschülerin, deinen Eltern, der Lehrerin oder dem Lehrer, ...).

Station 7:

Sport

Abbildungs- und Erklärungskarten

Komma, aber wo?

müssen Hunde und Kühe muhen und
brüllen die Katzen miau... d kratzen.

Karten kopieren, foliieren und ausschneiden

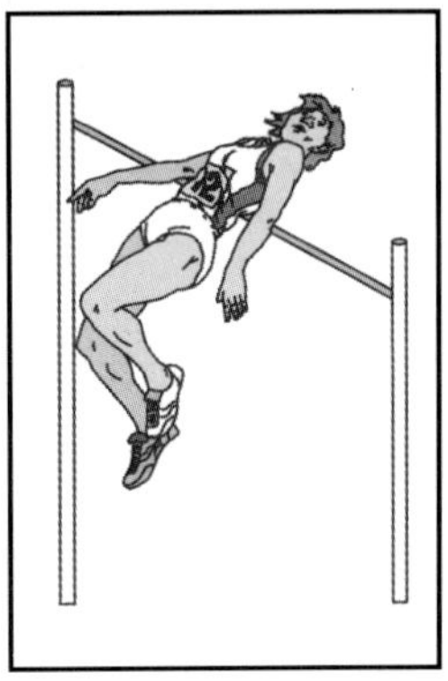

kräftig in die Pedale tretend

den Ball eng führend

die Stangen umtänzelnd

weit ausholend

das Loch anpeilend

den Gegner überspringend

die Latte im Auge behaltend

die Arme durchgestreckt

auf dem Startblock kauernd

die Zielscheibe anvisierend

die Kugel in der Hand haltend

mit der Rückhand spielend

Station 8:

Mönch und Mörder

Aufgabenblatt

Aufgabe:

Sortiere zuerst die Puzzleteile und füge sie passend zusammen.

Überlege, welche Satzzeichen an den Textstellen mit ✎ fehlen.

Schreibe die Anekdote mit den richtigen Satzzeichen ab.

Forme den Text dabei um, indem du die wörtliche Rede verwendest.

Hinweis:

Ehe du die Satzzeichen in den Text einfügst, lies die Regeln nochmals auf deinem Merkblatt nach.

Lösung:

Mönch und Mörder

Ein Kapuziner begleitete einen Raubmörder bei Wind und Regen zum Galgen.
„Das ist nun meine letzte Stunde!", rief der Verurteilte. „Muss ich in dieser Kälte und Nässe sterben?", fragte er.
„Wie schwer fiele dir der Abschied bei schönem Wetter?", tröstete ihn ein Begleiter.
„Das ist mir egal!", brüllte der arme Sünder.
Da riss dem Mönch die Geduld.
„Was jammerst du, du elender Lump, du brauchst doch nur hinzugehen?", fragte der Mönch.
„Denke doch an die anderen und an mich, die wir nachher vom Galgenberg den ganzen Weg bei diesem Hundewetter über den aufgeweichten Feldweg zurückgehen müssen!", fauchte ihn der Kapuzinermönch wütend an.

(unb. Verfasser)

Station 8:

Mönch und Mörder

Textpuzzle

Textvorlage kopieren, foliieren und Puzzleteile ausschneiden

Mönch und Mörder

Ein Kapuziner begleitete einen Raubmörder bei Wind und Regen zum Galgen ✎
Das sei nun seine letzte Stunde ✎ rief der Verurteilte ✎ Müsse er in dieser Kälte und Nässe sterben ✎ fragte er ✎ Wie schwer fiele ihm der Abschied bei schönem Wetter ✎ tröstete ihn ein Begleiter ✎ Das sei ihm egal ✎ brüllte der arme Sünder ✎
Da riss dem Mönch die Geduld ✎
Was er jammere ✎ er elender Lump ✎ er brauche doch nur hinzugehen ✎ fragte der Mönch ✎
Er solle an die anderen und an ihn denken ✎ die sie nachher vom Galgenberg den ganzen Weg bei diesem Hundewetter über den aufgeweichten Feldweg zurückgehen müssten ✎ fauchte ihn der Kapuzinermönch wütend an ✎

(unb. Verfasser)

Station 9:

Bauer und Knecht

Aufgabenblatt

Aufgabe:

Lies das Märchen in Ruhe durch und markiere am Rand (✎✎), in welchen Zeilen Satzzeichen fehlen.

Trage mit einem Bleistift alle Kommas und Anführungszeichen ein und schreibe den Text anschließend ab.

Hinweis:

Ehe du die Satzzeichen in den Text einfügst, lies die Regeln nochmals auf deinem Merkblatt nach.

Lösung:

Der Bauer und der Knecht (unb. Verfasser)

Es war einmal ein geiziger und schlauer Bauer, der seine Knechte vom Morgen bis in die Nacht arbeiten ließ. Dabei gab er ihnen nur ein einziges Mal am Tage zu essen.
Morgens gab der Bauer dem Knecht das Frühstück, wovon er ihm aber nicht mehr vorsetzte, als auf einer Mückennase Platz hat. Das verzehrte der hungrige Knecht, der gar nichts in seinem Magen verspürte.
„Vielleicht willst du gleichzeitig zu Mittag essen?“, fragte der listige Bauer daraufhin. „Dann brauchst du auf dem weiten Weg zum Feld nichts mitzuschleppen.“
„Gut“, willigte der Knecht ein, welchem sein Magen keine Wahl ließ .
Er hatte auch das verzehrt und der Bauer fragte wieder: „Willst du vielleicht auch gleich zu Abend essen, dann verlierst du nach Beendigung deiner Arbeit keine Zeit und du kannst sofort zu Bett gehen?“
„Gib mir auch das Abendessen“, sagte der immer noch hungrige Knecht. Er verzehrte es, arbeitete den ganzen Tag über und ging hungrig zu Bett.
So arbeiteten bei dem geizigen Bauern viele Knechte, von denen aber keiner dieses Leben länger als eine Woche aushielt.
Doch einmal fand sich einer, der den Bauern überlistete. Er frühstückte, aß zu Mittag und zu Abend. „Und nun zeige mir die Kammer, wo ich schlafen kann!“, lachte er lauthals.
„Wieso schlafen?“, fragte der erstaunte Bauer. „Draußen im Stall wartet Arbeit auf dich!“, brüllte er.
„Bist du von Sinnen?“, entgegnete der Knecht. „Wo hätte man je erlebt, dass anständige Leute nach dem Abendessen zur Arbeit gehen?“, fragte er mit einem Augenzwinkern.
Gemütlich streckte er sich auf dem Sofa des Bauern lang aus und er schnarchte, was das Zeug hielt.

Station 9:

Bauer und Knecht

Arbeitsblatt

Der Bauer und der Knecht

Es war einmal ein geiziger und schlauer Bauer der seine Knechte vom Morgen bis in die Nacht arbeiten ließ. Dabei gab er ihnen nur ein einziges Mal am Tage zu essen.

Morgens gab der Bauer dem Knecht das Frühstück wovon er ihm aber nicht mehr vorsetzte als auf einer Mückennase Platz hat. Das verzehrte der hungrige Knecht der gar nichts in seinem Magen verspürte.

Vielleicht willst du gleichzeitig zu Mittag essen fragte der listige Bauer daraufhin. Dann brauchst du auf dem weiten Weg zum Feld nichts mitzuschleppen.

Gut willigte der Knecht ein welchem sein Magen keine Wahl ließ.

Er hatte auch das verzehrt und der Bauer fragte wieder: Willst du vielleicht auch gleich zu Abend essen dann verlierst du nach Beendigung deiner Arbeit keine Zeit und du kannst sofort zu Bett gehen?

Gib mir auch das Abendessen sagte der immer noch hungrige Knecht. Er verzehrte es arbeitete den ganzen Tag über und ging hungrig zu Bett.

So arbeiteten bei dem geizigen Bauern viele Knechte von denen aber keiner dieses Leben länger als eine Woche aushielt.

Doch einmal fand sich einer der den Bauern überlistete. Er frühstückte aß zu Mittag und zu Abend. Und nun zeige mir die Kammer wo ich schlafen kann lachte er lauthals.

Wieso schlafen fragte der erstaunte Bauer. Draußen im Stall wartet Arbeit auf dich brüllte er.

Bist du von Sinnen entgegnete der Knecht. Wo hätte man je erlebt dass anständige Leute nach dem Abendessen zur Arbeit gehen fragte er mit einem Augenzwinkern.

Gemütlich streckte er sich auf dem Sofa des Bauern lang aus und er schnarchte was das Zeug hielt.

(unb. Verfasser)

Fremdwörter

Zur Information:

Beim Schreiben von Fremdwörtern geht es im Kern um eine vorsichtige Eindeutschung von Wörtern der Alltagssprache. Die Neuregelung will dabei zwei eng zusammenhängenden Grundsätzen folgen:

1. Die Anpassung an die deutsche Schreibung wird in Bereichen, in denen sie sich bereits angebahnt hat, vorsichtig gefördert.
2. Diese Förderung stellt sich so dar, dass gezielt Varianten angegeben werden. In den neuen Wörterbüchern erscheint sowohl die traditionelle als auch die eingedeutschte Schreibweise (als Haupt- oder Nebenvariante).

Begriffe aus der Fachsprache (z.B. Theorie, Philosophie, Phonometer) sind von der allein für die Standardsprache geltenden Neuregelung ausgenommen.

Die einzelnen Stationen haben folgende Übungsschwerpunkte:

Station	Bezeichnung	Übungsschwerpunkte
1	Wörterpyramide	Fremdwort und deutsche Umschreibung
2	Wörterpuzzle	Fremdwort und deutsche Umschreibung
3	Wörterbuchspiel	Fremdwörter nachschlagen
4	Dosendiktat	Wortbilder einprägen
5	Lernscheiben	Wortbilder einprägen/Wortschatz erweitern
6	Wörterbingo	Wortschatz erweitern/Wortbilder einprägen
7	Wörterdomino	Fremdwort und deutsche Umschreibung
8	Bilder zuordnen	Wortbilder einprägen
9	Reise um die Welt	alle Übungsbereiche

Vorbereitung der Lernmaterialien:

Station	Bezeichnung	
1	Wörterpyramide	Arbeitsblatt in gewünschter Menge kopieren
2	Wörterpuzzle	Vorlagen kopieren, foliieren und ausschneiden
3	Wörterbuchspiel	Spielkarte in gewünschter Menge kopieren
4	Dosendiktat	Büchse (Kaffeedose o.ä.) mit Schlitz im Deckel versehen, individuell gestalten, Wortkärtchen kopieren, foliieren und ausschneiden
5	Lernscheiben	Scheiben und Hülle kopieren, Seiten zusammenkleben, Teile foliieren und ausschneiden, Scheiben und Hülle mit Musterbeutelklammern zusammenheften
6	Wörterbingo	Bingokartenvorlagen in gewünschter Menge kopieren, Lösungsblatt kopieren und foliieren, Feldkärtchen kopieren, foliieren und ausschneiden
7	Wörterdomino	Dominokarten kopieren, foliieren und ausschneiden
8	Bilder zuordnen	Kärtchen kopieren, foliieren und ausschneiden
9	Reise um die Welt	Spielplan (evtl. vergrößert) kopieren, foliieren und ausschneiden, Würfelkreisel herstellen, Aufgabenkärtchen kopieren, foliieren und ausschneiden

Merkblatt
Fremdwörter

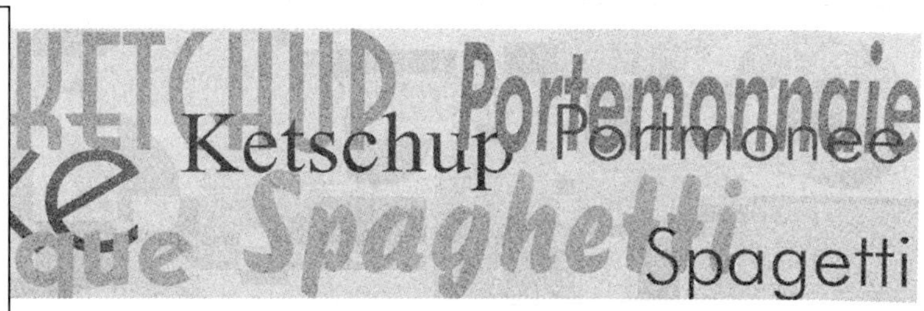

Vokalbuchstaben:

ai → ä

Beispiele:
Mohair – Mohär,
Mayonnaise – Majonäse

ou → u

Beispiele:
Bouquet – Bukett, Nougat – Nugat

é → ee

Beispiele:
Varieté – Varietee, Frotté – Frottee

au → o

Beispiel:
Sauce – Soße

Wortstämme:

Zu Substantiven auf -anz und -enz gehörige Adjektive:

Beispiele:
Substanz – substanziell
Tendenz – tendenziell

Wörter mit „-phon-“, „-phot-“ und „-graph-“

Beispiele:
Mikrophon – Mikrofon
Photo – Foto
Graphiker – Grafiker

Merksatz:

In der Regel bleibt die bisherige Schreibweise erhalten. Jetzt ist allerdings in vielen Fällen auch eine Schreibweise möglich, die besser zur deutschen Sprache passt.

Konsonantengruppen:

gh → g

Beispiel: Ghetto – Getto

rh → r

Beispiel: Katarrh – Katarr

ch → sch

Beispiel: Sketch – Sketsch

th → t

Beispiel: Panther – Panter

qu → k

Beispiel: Kommuniqué – Kommunikee

c → k

Beispiel: Code – Kode

c → z

Beispiel: Penicillin – Penizillin

y → j

Beispiel: Yoga – Joga

t → z

Beispiel: Justitiar – Justiziar

Endungen

Wörter aus dem Englischen, die auf „y“ enden, erhalten im Plural ein -s.

Beispiele:
Baby – Babys
Gully – Gullys

Faustregel:

In Zweifelsfällen immer im Wörterbuch nachschlagen!

Laufzettel:

Name: ....

Klasse: .... Schuljahr: ....

 ohne Partner  mit Partner/ in der Gruppe

✗ Aufgabe bearbeitet

	Lernstationen		✗
1	Wörterpyramide		○
2	Wörterpuzzle		○
3	Wörterbuchspiel		○
4	Dosendikat		○
5	Lernscheiben		○
6	Wörterbingo		○
7	Wörterdomino		○
8	Bilder zuordnen		○
9	Reise um die Welt		○

Station 1:

Wörter-pyramide

Aufgabenblatt

Aufgabe:

Trage in die einzelnen Pyramidenstufen die Fremdwörter ein, die der jeweiligen Erklärung entsprechen.

Beachte die richtige Schreibweise.

Hinweis:

Benutze im Zweifelsfall dein Wörterbuch.

Lösung:

Pyramide 1:	Pyramide 2:	Pyramide 3:	Pyramide 4:
Foto	Joga	Baby	Goal
Gullys	Jogurt	Delfin	Panter
Ketschup	Spagetti	Paragraf	Tunfisch
Hämorriden	Kommunikee	Dekolletee	Grafologie

Station 1:

Wörter-pyramide

Arbeitsblatt

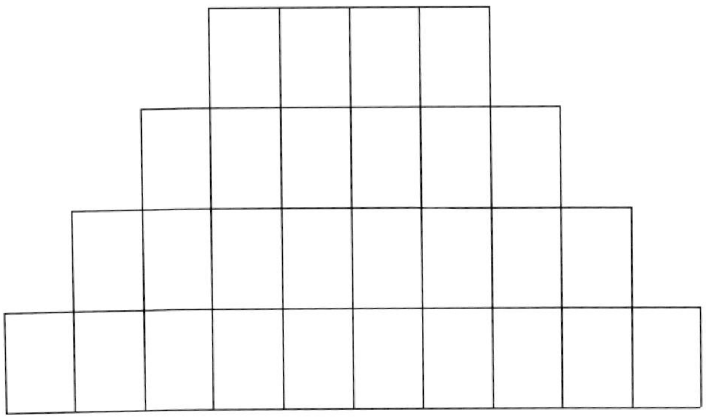

Bild

Abfluss, Kanalschacht (Plural)

dickflüssige Tomatensoße

Venenknoten des Mastdarms

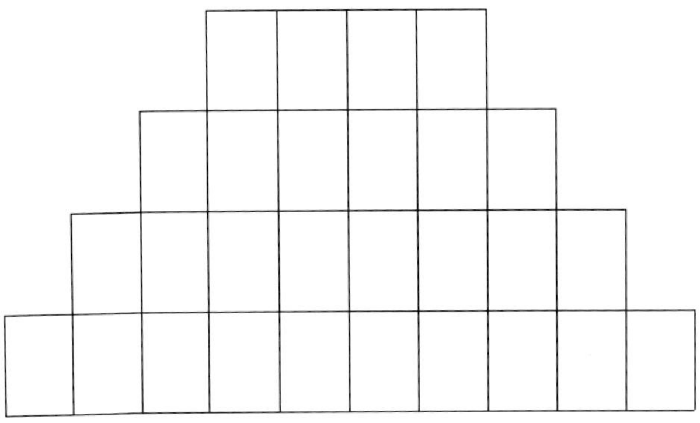

indische philosophische Lehre

Dickmilchspeise

Nudelart

amtliche Mitteilung

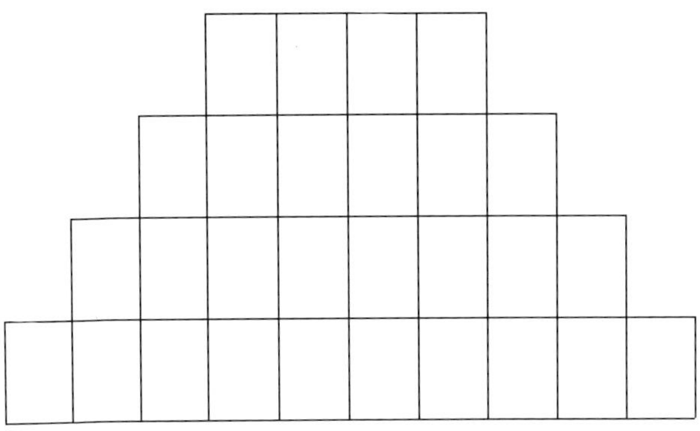

Säugling

Meeressäugetier

Abschnitt in Gesetzbüchern

tiefer Kleidausschnitt

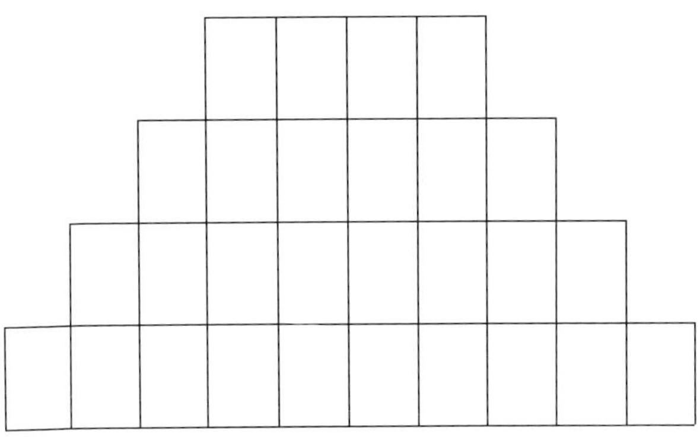

Tor (engl., österreich., schweizer.)

Raubkatze

Fisch, oft in Konserven verarbeitet

Lehre von der Deutung der Handschrift

Station 2:

Wörterpuzzle

Aufgabenblatt

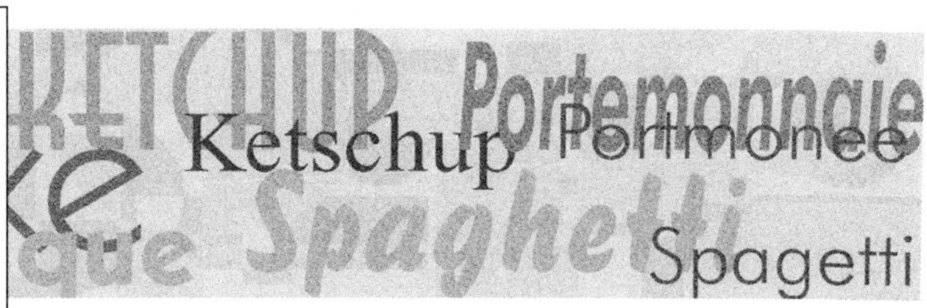

Aufgabe:

Lege zuerst die Grundkarte auf den Tisch.

Verteile danach die Puzzleteile mit den Fremdwörtern daneben.

Lege die Puzzleteile auf die richtigen Stellen der Grundkarte.

Hinweis:

Benutze im Zweifelsfall immer das Wörterbuch.

Lösung:

Wenn du alle Teile richtig zugeordnet hast, passt das Puzzle zusammen.

Station 2:

Wörterpuzzle

Vorlagen

Die Vorlagen kopieren, foliieren und ausschneiden

Modegeschäft	Ballett-gestaltung	kleine Fläche
Näh-/Toiletten-tasche	Eisenbahnwagen	meisterhafte Technik
kalte Soße	Geldbeutel	vorbei, vergangen
ländlich	amtlich	verformbare Papiermasse
Harzprodukt	Buchdrucker-kunst	Gruppentanz
in eine bestimmte Richtung	Elend	Seichtheit
Darlegung	Kurzschrift	Feste

Butike	Choreografie	Fassette
Nessessär	Wagon	Bravur
Majonäse	Portmonee	passee
provinziell	offiziell	Pappmaschee
Kolofonium	Typografie	Polonäse
tendenziell	Maläse	Plattitüde
Exposee	Stenografie	Partys

Station 3:

Wörterbuch-spiel

Aufgabenblatt

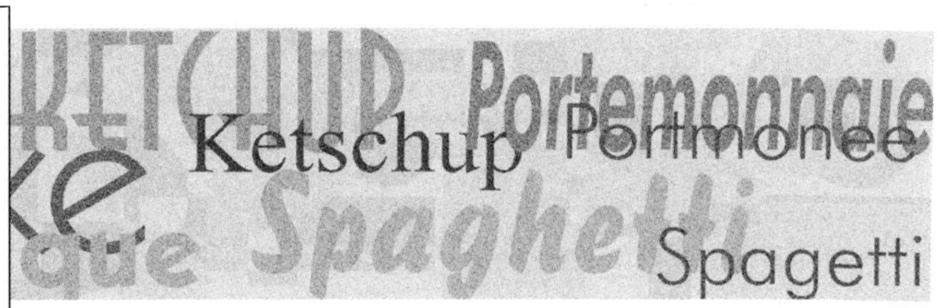

Aufgabe:

Diktiert euch gegenseitig bis zu 10 Fremdwörter.
(Verwendet auch Fremdwörter aus den anderen Stationen.)

Tragt sie in eure Spielkarte ein.

Einer von euch gibt ein Kommando, betätigt die Stoppuhr und ihr beginnt alle eure Wörter im Fremdwörterbuch nachzuschlagen. Kontrolliert dabei eure Schreibweise und notiert die Seitenzahl und die Bedeutung der Begriffe.

Wer zuerst alle aufgeschriebenen Begriffe gefunden und seine Spielkarte richtig ausgefüllt hat, hat gewonnen.

Hinweise:

Spielmaterial:

1 Stoppuhr, Stifte, je Spieler eine Spielkarte und ein Lexikon.

Denkt immer daran, dass es bei diesem Spiel nicht nur auf Schnelligkeit, sondern auch auf die richtige Schreibweise ankommt.

Schlagt eure Wörter am besten in alphabetischer Reihenfolge nach.
Dazu ordnet ihr sie vorher, indem ihr sie durchnummeriert.

Lösung:

Ihr könnt die nachgeschlagenen Begriffe zusätzlich von euren Mitspielerinnen und Mitspielern kontrollieren lassen.

Station 3:

Wörterbuch-spiel

Spielkarte

Nr.	Fremdwort	Seite	Bedeutung
1			
2			
3			
4			
5			
6			
7			
8			
9			
10			

Gesamtzeit: **Gefundene Wörter:**

Station 4:

Dosendiktat

Aufgabenblatt

Aufgabe:

Lege alle Wortkärtchen zuerst offen auf den Tisch und präge dir die Wörter ein. Lege danach die Kärtchen verdeckt auf einen Stapel.

Drehe jeweils das oberste Wort um, lies es genau und wirf es in die Dose.

Schreibe jetzt das Wort auswendig auf. So verfährst du mit allen Kärtchen.

Sind alle Wortkärtchen in der Dose, entleere sie und prüfe, ob du alles richtig geschrieben hast.

Lösung:

Für diese Station benötigst du keine Lösung.

Wenn du magst, kannst du deine Wörter ja kontrollieren lassen (von einem Mitschüler oder einer Mitschülerin, deinen Eltern, der Lehrerin oder dem Lehrer, …).

Station 4:

Dosendiktat

Aufgabenblatt

Wortkärtchen kopieren, foliieren und ausschneiden

substanziell (Substanz)	Topografie	Nessessär	Joga
existenziell (Existenz)	finanziell (Finanzen)	Butike	Orthografie
provinziell (Provinz)	offiziell (Offizier)	Jogurt	Getto
Wagon	Rommee	Dekolletee	Saxofon
potenziell (Potenz)	Nugat	Majonäse	Katarr
speziell (Spezies)	essenziell (Essenz)	zirka	Babys
Ketschup	sequenziell (Sequenz)	Portmonee	Grafit

Station 5:

Lernscheiben

Aufgabenblatt

Aufgabe:

Drehe jede Scheibe so, dass die Wörter, die zusammengehören, in den Fenstern sichtbar sind.

Schreibe die Wortreihe auf.

Schlage im Wörterbuch oder Fremdwörterbuch die Wörter nach, deren deutsche Bedeutung du nicht kennst. Du kannst die deutsche Bedeutung auf die Rückseite der Scheiben schreiben.

Hinweise:

Drehe am besten zuerst die linke Scheibe und suche danach auf der mittleren und rechten Scheibe die passenden Wörter.

Lösung:

Scheibe 1	Scheibe 2	Scheibe 3
Choreograf	choreografieren	choreografisch
Spezialität	spezialisieren	speziell
Dublee	dublieren	dubliert
Fantasie	fantasieren	fantastisch
Foto	fotografieren	fotogen
Stenografie	stenografieren	stenografisch
Finanzen	finanzieren	finanziell
Existenz	existieren	existenziell
Substanz	substanziieren	substanziell
Tendenz	tendieren	tendenziell
Bibliografie	bibliografieren	bibliografisch
Potenz	potenzieren	potenziell

Station 5:

Lernscheiben

Scheiben

Scheiben und Hülle kopieren, jeweils beschriftete und leere Seite an den Rückseiten zusammenkleben, foliieren und ausschneiden, Scheiben in die Hülle stecken und mit drei Musterbeutelklammern zusammenheften, sodass die Scheiben drehbar sind

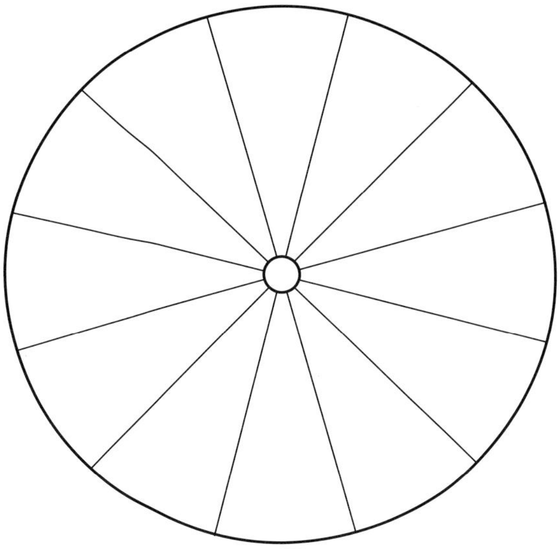

Scheibe 1

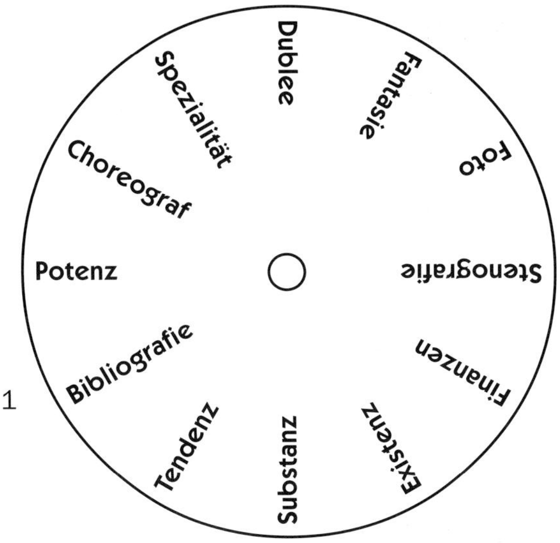

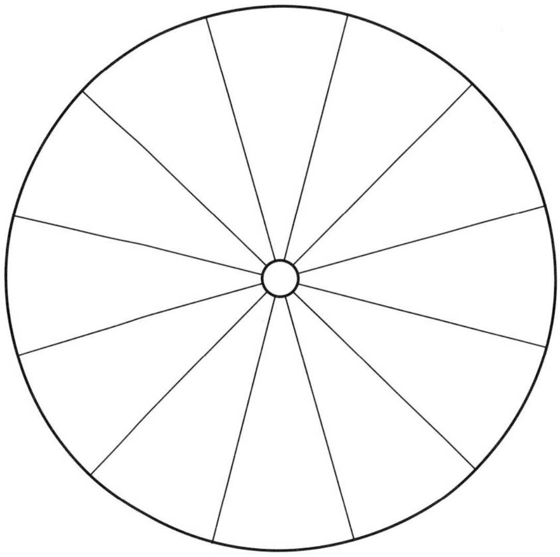

Scheibe 2

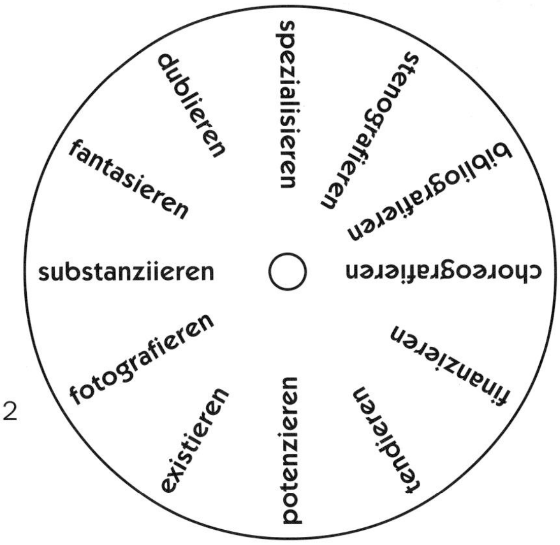

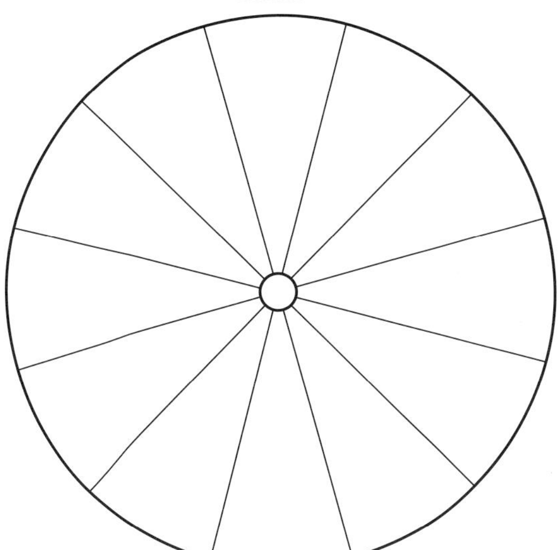

Scheibe 3

Station 5:

Lernscheiben

Hülle

Hülle kopieren, foliieren, ausschneiden und an der Faltlinie knicken

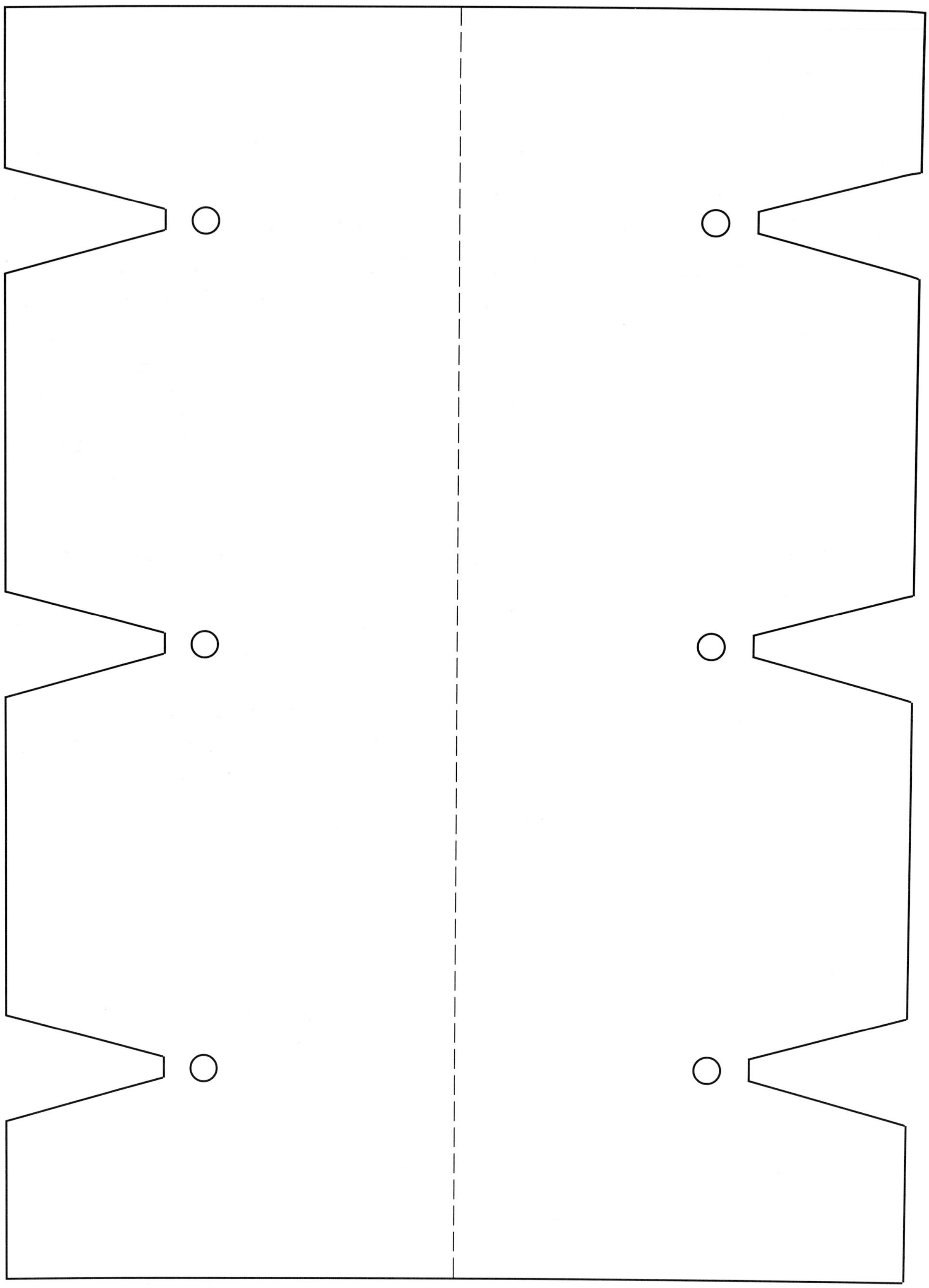

Station 6:

Wörterbingo

Aufgabenblatt

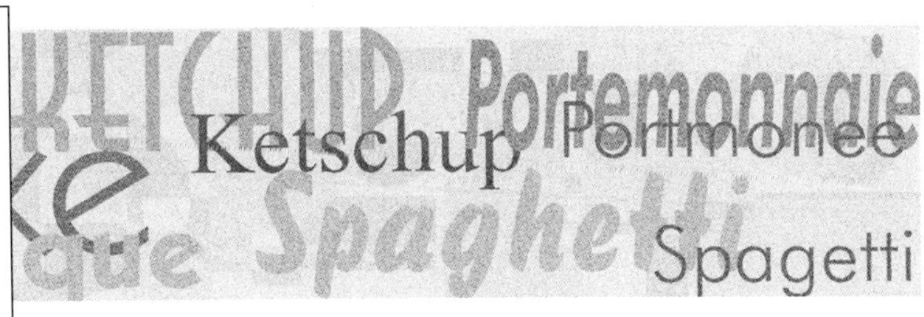

Aufgabe:

Grundspiel:

Jeder von euch bekommt ein Bingoblatt mit 25 Begriffen und einer bestimmten Aufgabenstellung (es stehen 3 verschiedene Bingoblätter zur Auswahl, pro Spielrunde erhaltet ihr jedoch alle dasselbe Blatt).

Bestimmt dann einen Spielleiter, der die Feldkärtchen, ein Säckchen und ein leeres Bingoblatt erhält. Er steckt die Feldkärtchen in das Säckchen und legt das leere Bingoblatt vor sich auf den Tisch. Der Reihe nach holt er Feldkärtchen aus dem Säckchen und nennt die Feldbezeichnung (z.B. B1, I5, O3).

Wer von euch als Erster die in dieser Runde gestellte Aufgabe für dieses Feld lösen kann, sagt schnell seine Antwort. Stimmt die Lösung, die der Spieler mit dem Lösungsblatt überprüfen kann, bekommt er einen Chip oder einen Knopf und legt ihn auf das entsprechende Feld.

Der Spielleiter legt das Feldkärtchen auf sein leeres Bingoblatt. Dann holt er das nächste Feldkärtchen aus dem Säckchen.

Wer von euch zuerst eine Reihe abgedeckt hat (senkrecht, waagerecht oder diagonal) ruft laut: „BINGO!"

Varianten:
- Nach jeder Aufgabe wird der Spielleiter gewechselt.
- Wenn alle Feldkärtchen aufgerufen wurden, gewinnt derjenige, der die meisten Felder auf seinem Bingoblatt abgedeckt hat.

Bestimmt fallen euch auch noch weitere Spielideen ein.

Hinweis:

Spielmaterial:

ein leeres Bingoblatt, Feldkärtchen, Säckchen, Lösungsblatt, ein Bingoblatt und bis zu 25 Knöpfe (Chips) je Spieler zum Abdecken der Felder, evtl. je Spieler ein Wörterbuch

Lösungen:

Kontrolliert mit dem Lösungsblatt.

Station 6:

Wörterbingo

Blankovorlage

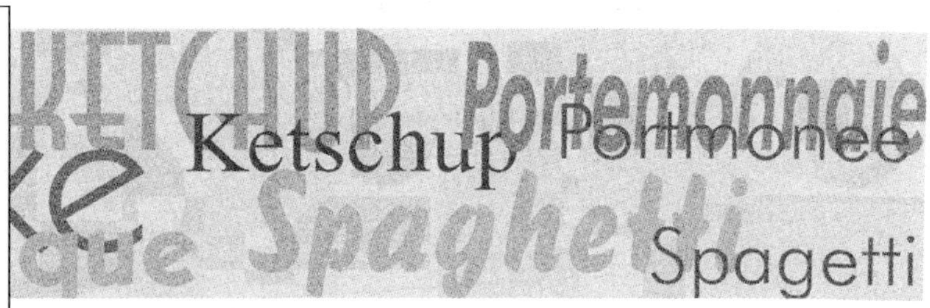

	B	I	N	G	O
1					
2					
3					
4					
5					

Feldkärtchen

	B	I	N	G	O
1	B1	I1	N1	G1	O1
2	B2	I2	N2	G2	O2
3	B3	I3	N3	G3	O3
4	B4	I4	N4	G4	O4
5	B5	I5	N5	G5	O5

Station 6:

Wörterbingo

Bingoblätter

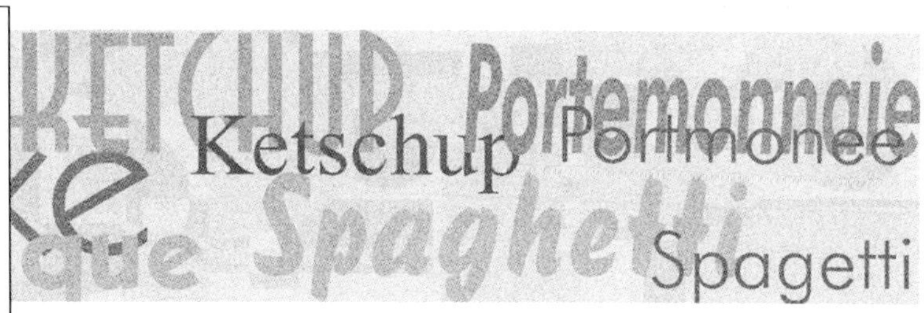

Fremdwörter: Nenne die Wortart und buchstabiere mit geschlossenen Augen!

	B	I	N	G	O
1	Schikoree	Sketsch	resümieren	topografisch	Varietee
2	Paragraf	frittieren	Rommee	Katarr	Buklee
3	Hämorride	Kalzium	potenziell	fotografieren	Dränage
4	speziell	Grislibär	provinziell	Myrre	orthografisch
5	kodieren	pürieren	Penizillin	passee	fantasieren

Fremdwörter: Nenne das passende Substantiv oder Adjektiv!

	B	I	N	G	O
1	Grafik	sequenziell	püriert	fantastisch	Offizier
2	fantastisch	Provinz	dekolletiert	Biografie	frottiert
3	Foto	existenziell	Haschee	Orthografie	resümiert
4	fonografisch	Potenz	choreografisch	kartografisch	Finanzen
5	Essenz	substanziell	Spezies	Tendenz	Stenografie

Station 6:

Wörterbingo

Bingoblätter

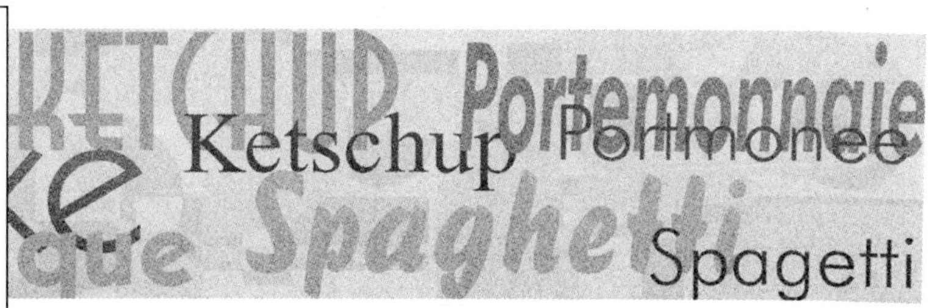

Fremdwörter: Finde die richtigen Suffixe (Endsilben)!

	B	I	N	G	O
1	Grammo-	Repor-	Mon-	Ingeni-	Frikas-
2	essen-	Kontrol-	Tele-	provin-	Gul- (Mehrzahl)
3	Domp-	Plan-	spe-	Ethnogra-	Saxo-
4	Ba- (Mehrzahl)	Hob- (Mehrzahl)	Kommuni-	Installa-	Typogra-
5	Ama-	Stenogra-	Expo-	Biogra-	Portmo-

Bingoblatt (Spielleiter)

	B	I	N	G	O
1					
2					
3					
4					
5					

Station 6:
Wörterbingo
Lösungen

Ketschup Portmonee Spagetti

Vorlage kopieren und foliieren, Feldkärtchen ausschneiden

Fremdwörter: Finde die richtigen Suffixe (Endsilben)! (LÖSUNG)

	B	I	N	G	O
1	Grammofon	Reportage	Monteur	Ingenieur	Frikassee
2	essenziell	Kontrolleur	Telefon	provinziell	Gullys
3	Dompteur	Plantage	speziell	Ethnografie	Saxofon
4	Babys	Hobbys	Kommunikee	Installateur	Typografie
5	Amateur	Stenografie	Exposee	Biografie	Portmonee

Feldkärtchen

	B1	I1	N1	G1	O1
	B2	I2	N2	G2	O2
	B3	I3	N3	G3	O3
	B4	I4	N4	G4	O4
	B5	I5	N5	G5	O5

Fremdwörter: Nenne die Wortart und buchstabiere mit geschlossenen Augen! (LÖSUNG)

	B	I	N	G	O
1	Schikoree (Substantiv)	Sketsch (Substantiv)	resümieren (Verb)	topografisch (Adjektiv)	Varietee (Substantiv)
2	Paragraf (Substantiv)	frittieren (Verb)	Rommee (Substantiv)	Katarr (Substantiv)	Buklee (Substantiv)
3	Hämorride (Substantiv)	Kalzium (Substantiv)	potenziell (Adjektiv)	fotografieren (Verb)	Dränage (Substantiv)
4	speziell (Adjektiv)	Grislibär (Substantiv)	provinziell (Adjektiv)	Myrre (Substantiv)	orthografisch (Adjektiv)
5	kodieren (Verb)	pürieren (Verb)	Penizillin (Substantiv)	passee (Adjektiv)	fantasieren (Verb)

Fremdwörter: Nenne das passende Substantiv oder Adjektiv! (LÖSUNG)

	B	I	N	G	O
1	Grafik (grafisch)	sequenziell (Sequenz)	püriert (Püree)	fantastisch (Fantasie)	Offizier (offiziell)
2	fantastisch (Fantasie)	Provinz (provinziell)	dekolletiert (Dekolletee)	Biografie (biografisch)	frottiert (Frottee)
3	Foto (fotografiert)	existenziell (Existenz)	Haschee (haschiert)	Orthografie (orthografisch)	resümiert (Resümee)
4	fonografisch (Fon)	Potenz (potenziell)	choreografisch (Choreografie)	kartografisch (Kartografie)	Finanzen (finanziell)
5	Essenz (essenziell)	substanziell (Substanz)	Spezies (speziell)	Tendenz (tendenziell)	Stenografie (stenografisch)

Station 7:

Wörterdomino

Aufgabenblatt

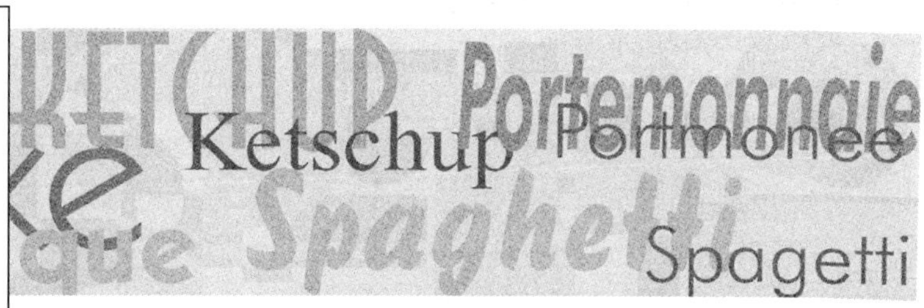

Aufgabe:

Lege alle Dominokarten zuerst auf den Tisch.

Zwei Begriffe (Fremdwort und deutsche Bedeutung) gehören jeweils zu einem Kärtchen. Suche sie und lege sie aneinander.

Präge dir die Schreibweisen ein und schreibe die einzelnen Wörter auf.

Hinweis:

Wenn dir das Spiel gefällt, kannst du eigene Wörterstreifen für dich und deine Klasse herstellen.

Lösung:

Geografie – Erdkunde
Varietee – Theater mit buntem Programm
Getto – abgetrenntes Wohnviertel
Katarr – Schleimhautentzündung
Soufflee – Eierauflauf
Fon – Maß der Lautstärke
Myrre – aromatisches Harz
Komitee – Ausschuss, Organisation
Saxofon – Blasinstrument aus Metall
Grafit – schwarzes Mineral aus Kohlenstoff
Bonboniere – Pralinenpackung
Penizillin – wirksames Mittel bei Erkrankungen
Choreografie – Einstudierung eines Balletts
Autobiografie – selbst verfasste Lebensdarstellung
Dränage – Entwässerung des Bodens
Dragee – linsenförmige Süßigkeit oder Arznei

Station 7:

Wörterdomino

Dominokarten

Dominokarten kopieren, foliieren und ausschneiden

Getto	Theater mit buntem Programm	Varietee	Schleimhaut-entzündung
Katarr	Erdkunde	Geografie	linsenförmige Süßigkeit oder Arznei
Dragee	Entwässerung des Bodens	Dränage	Eierauflauf
Soufflee	selbst verfasste Lebens-darstellung	Autobiografie	Maß der Lautstärke
Fon	Einstudierung eines Balletts	Choreografie	aromatisches Harz
Myrre	wirksames Mittel bei Erkrankung	Penizillin	schwarzes Mineral aus Kohlenstoff
Grafit	Pralinenpackung	Bonboniere	Ausschuss, Organisation
Komitee	Blasinstrument aus Metall	Saxofon	abgetrenntes Wohnviertel

Station 8:

Bilder zuordnen

Aufgabenblatt

Aufgabe:

Mischt alle Bildkärtchen und verteilt sie verdeckt auf dem Tisch.

Dreht der Reihe nach jeweils zwei Kärtchen um. Passt die Abbildung zum Fremdwort, schreibt das Begriffspaar auf. Die Kärtchen dürft ihr behalten und einen weiteren Versuch machen. Stimmen die Paare nicht, kommt ein Mitspieler an die Reihe.

Beachtet, dass zusammengehörige Bild-/Wortpaare immer aufgeschrieben werden müssen!

Habt ihr alle Paare aufgedeckt, schlägt jeder nochmals die Fremdwörter im Wörterbuch oder Fremdwörterbuch nach und schreibt die jeweilige deutsche Bedeutung auf.

Lösung:

Für dieses Spiel braucht ihr keine Lösung. Wenn ihr mögt, könnt ihr die aufgeschriebenen Wörter kontrollieren lassen (von einem Mitschüler oder einer Mitschülerin, den Eltern, der Lehrerin oder dem Lehrer, …).

Station 8:

Bilder zuordnen

Kärtchen

Kärtchen kopieren, foliieren und ausschneiden

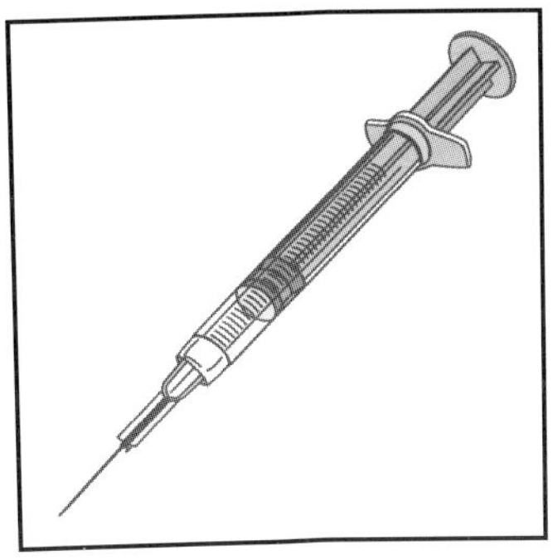

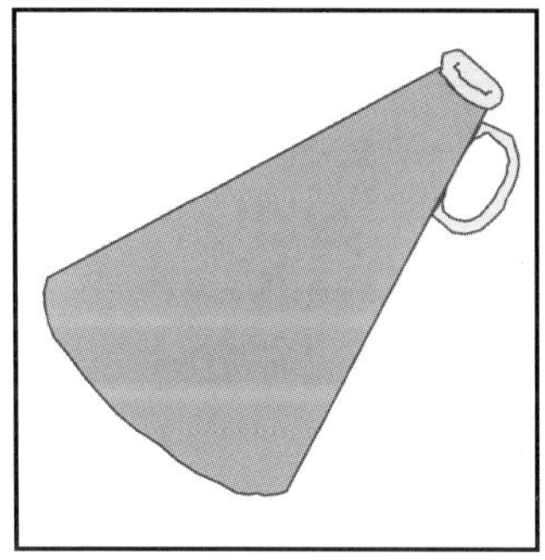

Neben dem eigentlichen Spiel bieten sich noch weitere Einsatzmöglichkeiten an: Wort-/Bild-domino, Bilder-diktat, Sätze bilden usw.

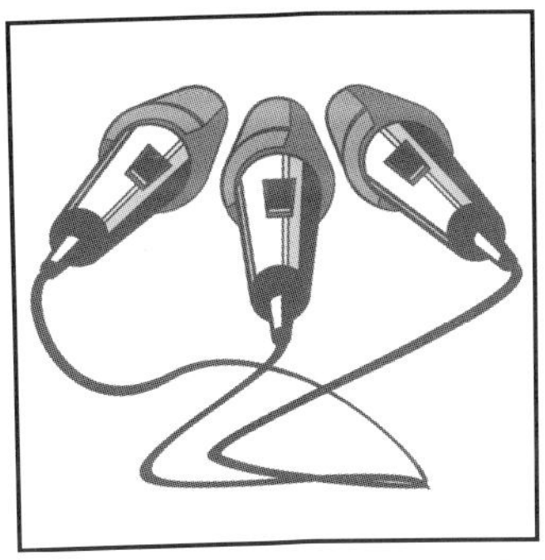

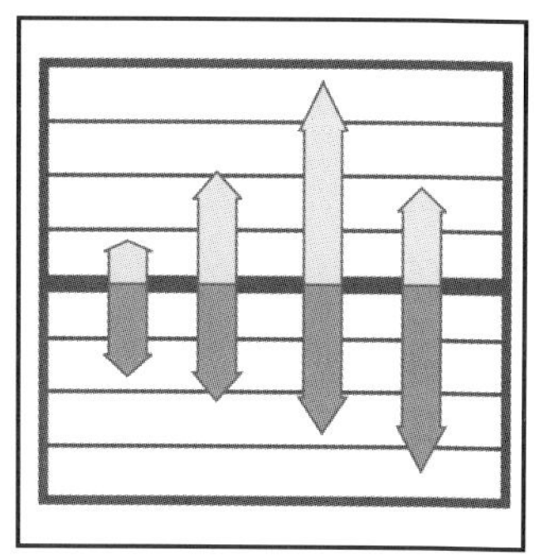

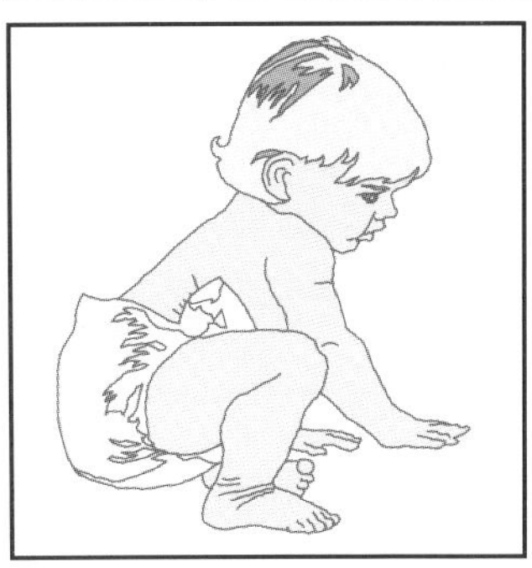

Station 8:

Bilder zuordnen

Kärtchen

Kärtchen kopieren, foliieren und ausschneiden

Delfin	Megafon	Mikrofon	
Grislibär	Spagetti	Grammofon	
Choreografie	Komitee	Panter	Joga
Penizillin	Biografie	Jockei	Grafik
Saxofon	Baby(s)	Varietee	Stenografie

Station 9:

Reise um die Welt

Aufgabenblatt

Aufgabe:

Mischt zuerst jeweils die Aufgabenkärtchen mit dem gleichen Symbol und legt sie in kleinen Stapeln neben den Spielplan.

Bestimmt, wer beginnen darf. Legt auch fest, wie viele Runden gespielt werden.

Jetzt würfelt reihum. Jeder Spieler darf so viele Felder vorrücken, wie er gewürfelt hat und muss zusätzlich ein der gewürfelten Zahl entsprechendes Aufgabenkärtchen bearbeiten.

Die Aufgaben lauten:

■ Würfelzahl 1
Reimpaare: Finde zwei Wörter mit der gleichen Endung (z.B. Fotografie – Stenografie)!

● Würfelzahl 2
Wortarten: Bilde eine Wortreihe mit dem gleichen Stamm (z.B. Masseur (Substantiv) – massieren (Verb) – massiert (Adjektiv))!

✕ Würfelzahl 3
Bilderkärtchen: Notiere das entsprechende Fremdwort!

▲ Würfelzahl 4
Wortfamilie: Suche von einem Wort ausgehend weitere Begriffe, die dazu passen (z.B. Animateur, animieren)!

▼ Würfelzahl 5
Lexikon: Schlage die Begriffe nach und schreibe die deutsche Bedeutung auf!

◆ Würfelzahl 6
Lerntipps: Lies den Lerntipp laut vor und denke beim Üben daran!

Grundsätzlich müssen die Lösungen zu den Aufgaben immer notiert werden (außer „Lerntipps“).

Wenn ihr alle die Weltreise beendet habt, schlagt eure Begriffe im Lexikon nach. Danach vergleicht und kontrolliert gemeinsam.

Weitere Regeln könnt ihr noch selbst festlegen.

Hinweis:

Spielmaterial:

Spielfiguren, Würfel oder Würfelkreisel, Aufgabenkärtchen, Spielplan, Stifte, Papier, Fremdwörterbücher oder Lexika.

Station 9:

Reise um die Welt

Spielplan

Spielplan (evtl. vergrößert) kopieren, foliieren und ausschneiden

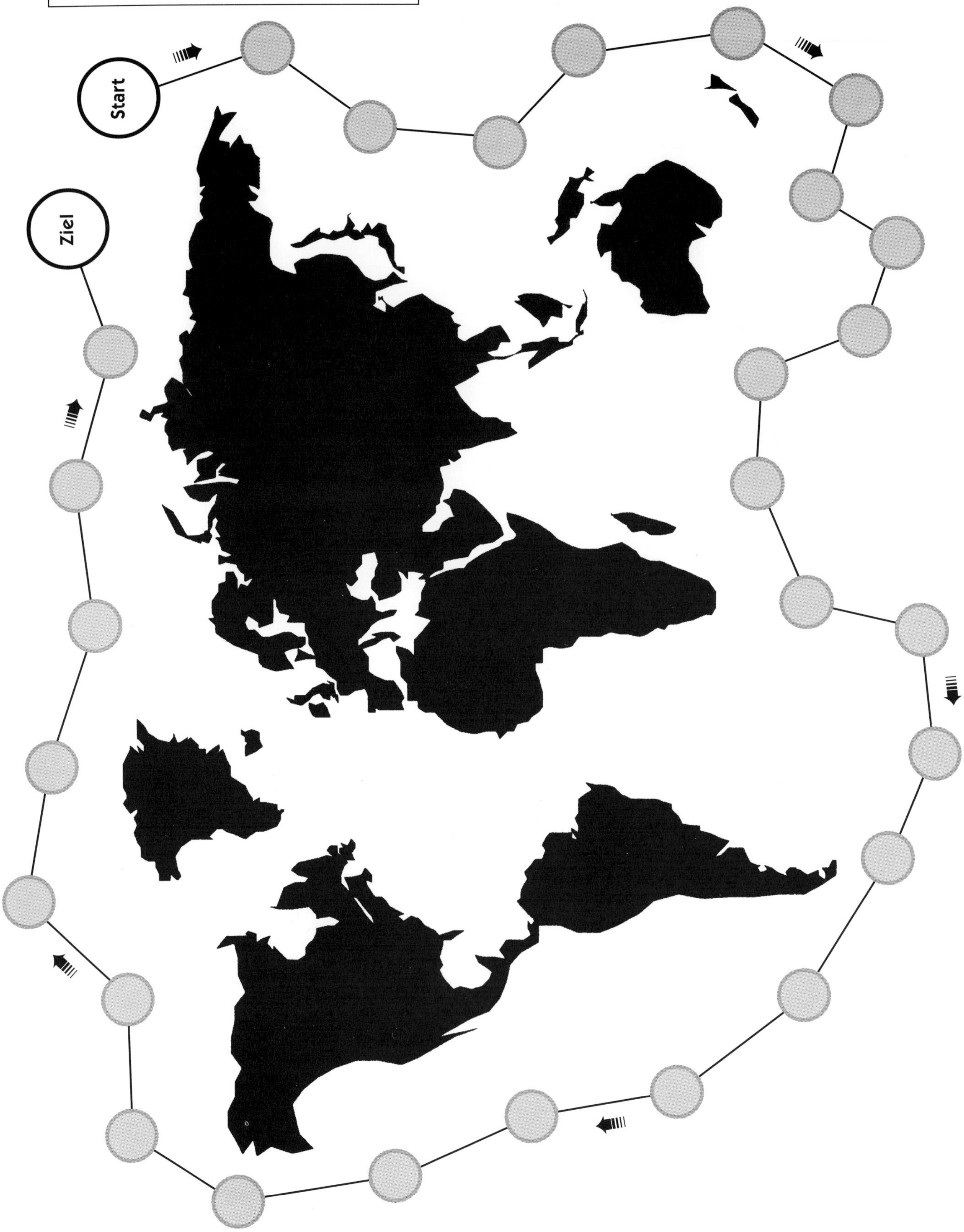

Station 9:

Reise um die Welt

Als Würfelersatz oder -variante bietet sich dieser Kreisel an. Kopieren, ausschneiden und auf ein Stück Karton kleben. Durch die Mitte einfach einen Zahnstocher stecken. Bunt bemalen nicht vergessen! Fertig!

Würfelkreisel

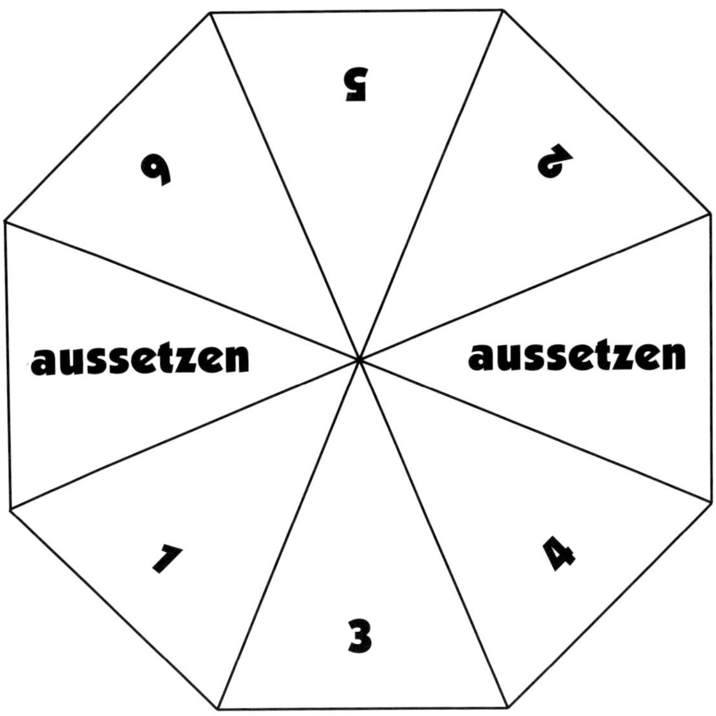

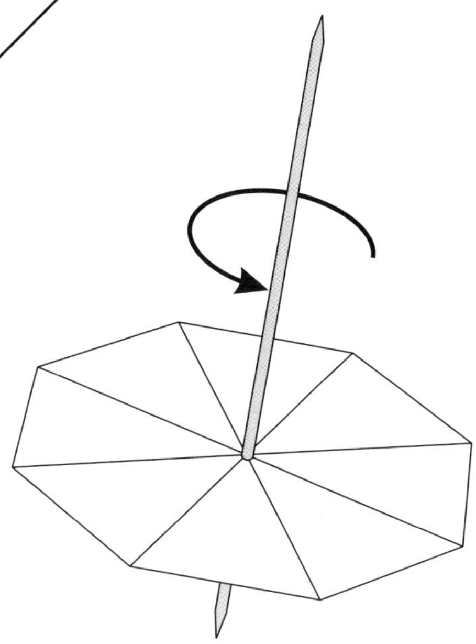

Station 9:

Reise um die Welt

Aufgabenkärtchen

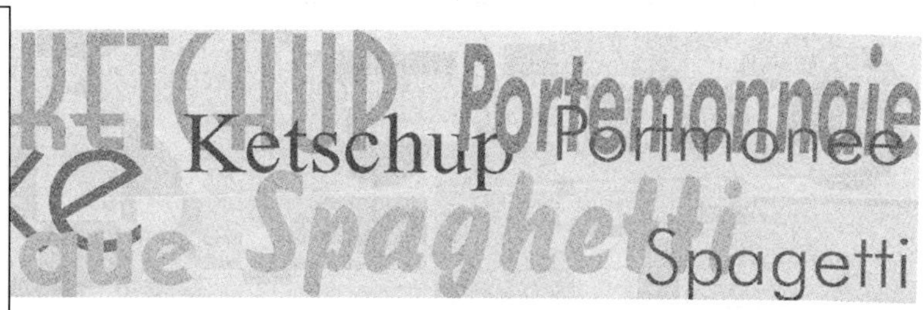

Kärtchen kopieren, foliieren und ausschneiden

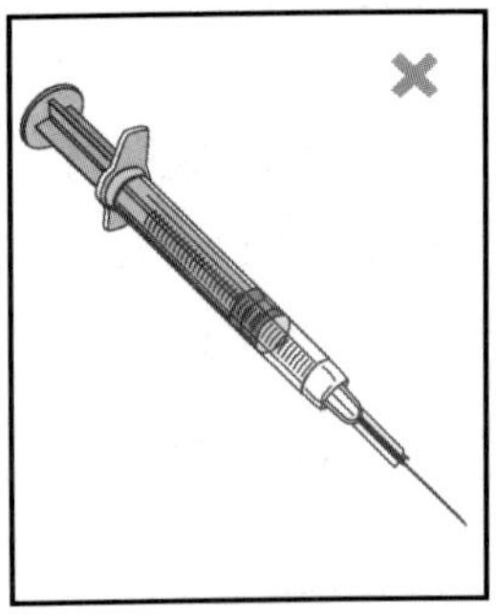

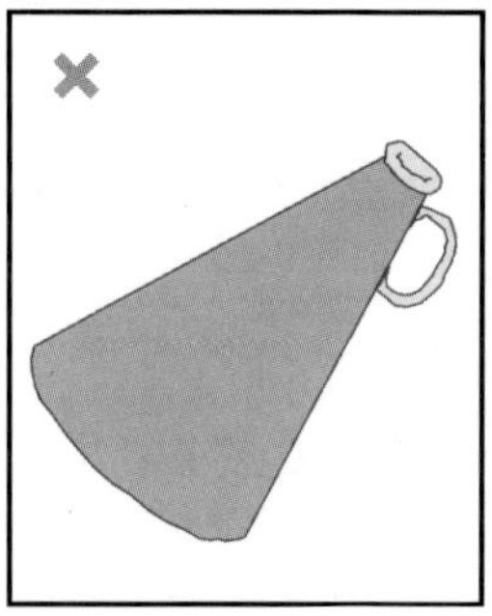

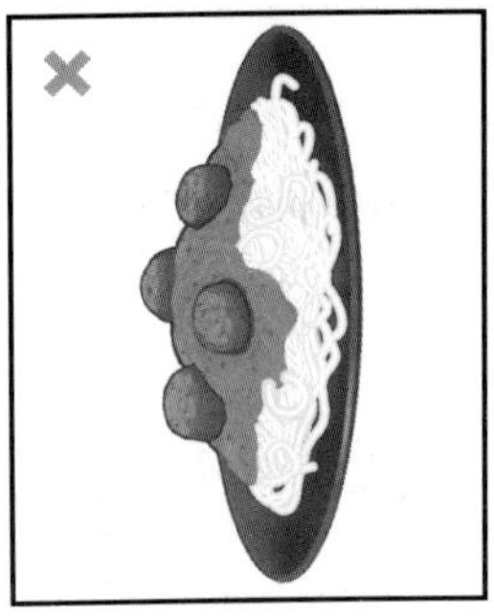

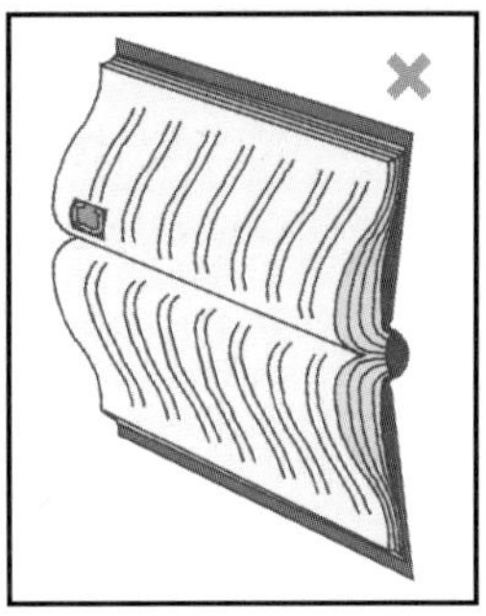

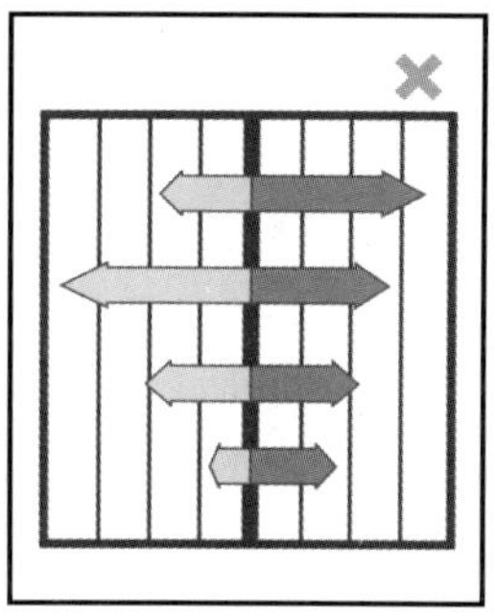

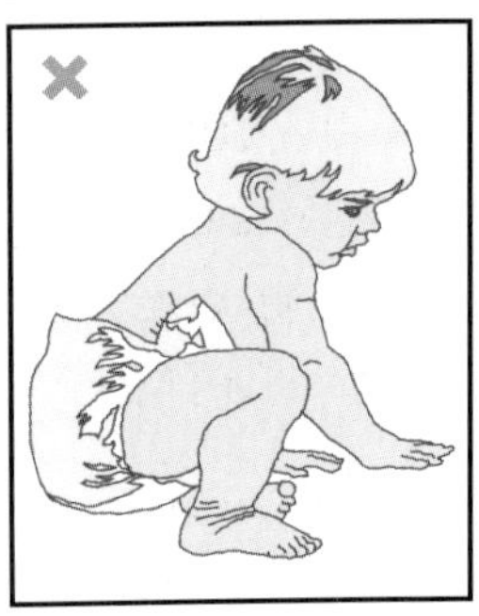

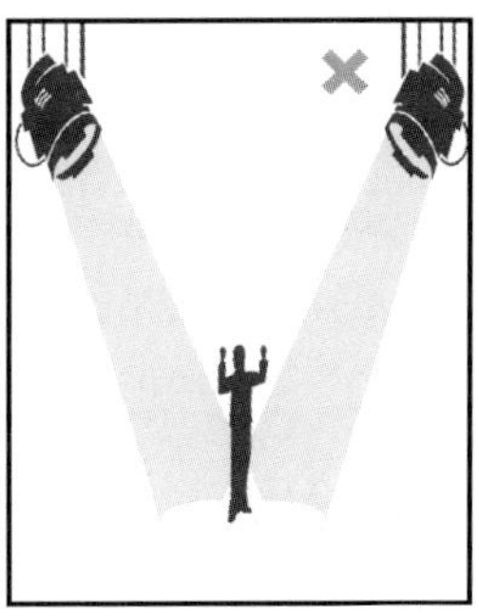

Nenne ein Reimpaar mit der Endung „-age“!

Nenne ein Reimpaar mit der Endung „-age“!

Nenne ein Reimpaar mit der Endung „-fie“!

Nenne ein Reimpaar mit der Endung „-fie“!

Nenne ein Reimpaar mit der Endung „-iell“!

Nenne ein Reimpaar mit der Endung „-iell“!

Nenne ein Reimpaar mit der Endung „-fon“!

Station 9:

Reise um die Welt

Aufgabenkärtchen

■ Nenne ein Reimpaar mit der Endung „-fon“!	■ Nenne ein Reimpaar mit der Endung „-ee“!	● Suche Verb und Adjektiv zu: **Fotografie**	● Suche Verb und Adjektiv zu: **Stenografie**	● Suche Verb und Adjektiv zu: **Existenz**
● Suche Substantiv und Verb zu: **fantastisch**	● Suche Substantiv und Verb zu: **tendenziell**	● Suche Substantiv und Verb zu: **speziell**	● Suche Substantiv und Adjektiv zu: **finanzieren**	● Suche Substantiv und Adjektiv zu: **existieren**
● Suche Substantiv und Adjektiv zu: **potenzieren**	● Suche Substantiv und Verb zu: **differenziell**	● Suche Substantiv und Adjektiv zu: **pürieren**	● Suche Verb und Adjektiv zu: **Haschee**	▲ Nenne 2 Wörter aus der Wortfamilie: **Foto**
▲ Nenne 2 Wörter aus der Wortfamilie: **Geografie**	▲ Nenne 2 Wörter aus der Wortfamilie: **Spagetti**	▲ Nenne 2 Wörter aus der Wortfamilie: **Bravur**	▲ Nenne 2 Wörter aus der Wortfamilie: **Opposition**	▲ Nenne 2 Wörter aus der Wortfamilie: **Theater**
▲ Nenne 2 Wörter aus der Wortfamilie: **Frikassee**	▲ Nenne 2 Wörter aus der Wortfamilie: **Montage**	▲ Nenne 2 Wörter aus der Wortfamilie: **Dekoration**	▲ Nenne 2 Wörter aus der Wortfamilie: **Panter**	▲ Nenne 2 Wörter aus der Wortfamilie: **Regisseur**

Station 9:

Reise um die Welt

Aufgabenkärtchen

▲ Nenne 2 Wörter aus der Wortfamilie: **Soufflee**	▼ Schlage im Lexikon nach: **Quadrofonie**	▼ Schlage im Lexikon nach: **Regeneration**	▼ Schlage im Lexikon nach: **Lithografie**	▼ Schlage im Lexikon nach: **Butike**
▼ Schlage im Lexikon nach: **Nessessär**	▼ Schlage im Lexikon nach: **Katarr**	▼ Schlage im Lexikon nach: **Ginko**	▼ Schlage im Lexikon nach: **Dublee**	▼ Schlage im Lexikon nach: **Kommunikee**
▼ Schlage im Lexikon nach: **Fantasie**	▼ Schlage im Lexikon nach: **Cevapcici**	▼ Schlage im Lexikon nach: **Negligee**	◆ Lerntipp: Schlage im Zweifelsfall im Wörterbuch nach!	◆ Lerntipp: Suche Begriffe aus der gleichen Wortfamilie!
◆ Lerntipp: Lerne auf mehreren Lernwegen! (Auge, Ohr, Hand)	◆ Lerntipp: Schreibe schwierige Wörter immer auf!	◆ Lerntipp: Hänge ein Wörterplakat in deinem Zimmer auf!	◆ Lerntipp: Halte immer Nachschlagewerke griffbereit!	◆ Lerntipp: Schreibe sauber und leserlich!
◆ Lerntipp: Schalte beim Lernen Radio und Fernseher aus!	◆ Lerntipp: Übe den Lernstoff mit kleinen Wortkärtchen!	◆ Lerntipp: Plane bewusst Lernpausen ein!	◆ Lerntipp: Übe und wiederhole mit einem Lernpartner!	◆ Lerntipp: Stelle dir selbst einen Übungstest zusammen!

Getrennt- und Zusammenschreibung

Zur Information:

Die Getrennt- und Zusammenschreibung gehört ohne Zweifel zu den schwierigsten Rechtschreibbereichen überhaupt, weil es eigentlich eine eindeutige Festlegung in diesem Bereich nie gab – und auch jetzt nicht gibt. Bei einer genaueren Betrachtung der Änderungen fällt nämlich auf, dass für Schülerinnen und Schüler nach wie vor nicht alle Kriterien leicht erlernbar sind.
Eine Erleichterung bieten Wörterlisten im Sinne eines Verzeichnisses mit häufig verwendeten Ausdrücken.
Das Nachschlagen im Wörterbuch bleibt auf jeden Fall weiterhin unerlässlich, denn es gibt trotz der Reform genügend Zweifelsfälle.
Nach der neuen Regelung gilt Getrenntschreibung als Normalfall. Zusammenschreibung soll weitgehend aus Regeln abzuleiten sein.

Damit keine Überlagerung des Lernstoffs (Ähnlichkeitshemmung) eintritt, sollten die Stationen 1–4 und 5–8 in einem gewissen zeitlichen Abstand geübt werden!

Die einzelnen Stationen haben folgende Übungsschwerpunkte:

Station	Bezeichnung	Übungsschwerpunkte
1	Wörterlisten 1	Zusammenschreibung
2	Wörterdomino	Zusammenschreibung
3	Wörterdreher	Zusammenschreibung
4	Wörterlisten 2	Zusammenschreibung
5	Wörterlotto	Getrenntschreibung
6	Wörter-ABC	Getrenntschreibung
7	Wörterkarussell	Getrenntschreibung
8	Wörtersterne	Getrenntschreibung
9	Laufdiktat	Bindestrich

Vorbereitung der Lernmaterialien:

Station	Bezeichnung	
1	Wörterlisten 1	Wörterlisten (evtl. vergrößert) in gewünschter Menge kopieren
2	Wörterdomino	Kärtchen kopieren, foliieren und ausschneiden
3	Wörterdreher	Arbeitsblatt in gewünschter Menge kopieren
4	Wörterlisten 2	Wörterlisten (evtl. vergrößert) in gewünschter Menge kopieren
5	Wörterlotto	Grundkarten und Legekärtchen kopieren, foliieren und ausschneiden
6	Wörter-ABC	Kärtchen kopieren, foliieren, ausschneiden und mit Vorder- und Rückseite zusammenkleben
7	Wörterkarussell	Drehscheibe und Pfeil kopieren, auf Karton kleben, foliieren und ausschneiden; den Pfeil mit einem Streichholz oder Zahnstocher drehbar in die Kreismitte stecken; Verbenliste in gewünschter Menge kopieren
8	Wörtersterne	Sterne kopieren und foliieren
9	Laufdiktat	Arbeitsblatt in gewünschter Menge kopieren

Merkblatt

Getrennt- und Zusammenschreibung

Zusammenschreibung:

bei einem Wortbaustein, der in dieser Form nicht selbstständig vorkommt:

Beispiele:
wettrennen, blauäugig, schnellstmöglich

bei einem Wortteil, der für eine verkürzte Wortgruppe steht:

Beispiele:
schlafwandeln (= im Schlaf wandeln)
knielang (= lang bis zum Knie)

bei Ausdrücken, die getrennt geschrieben grammatikalisch unkorrekt wären:

Beispiele:
todtraurig (~~Er ist Tod traurig.~~)
maßregeln (~~Sie Maß regelte ihn.~~)

bei Fügungen aus Adjektiv und Verb, die nicht steigerbar sind:

Beispiele:
fernsehen, totschlagen, schwarzarbeiten

bei „irgend-" mit nachfolgendem Wort:

Beispiele:
irgendein, irgendetwas, irgendjemand, irgendwann

Bindestrich:

Ziffern werden als vordere Bestandteile von Wörtern mit Bindestrich versehen:

Beispiele:
100-jährig, 10-seitig, 7,5-Tonner,
4:2-Sieg, 3/4-Mehrheit

Grundsätze:

Im Wörterbuch nachschlagen!

Getrenntschreibung:

bei zwei aufeinander folgenden Verben:

Beispiele:
sitzen bleiben, schwimmen gehen, liegen lassen

bei Fügungen aus Partikel und „sein":

Beispiele:
da sein, dabei sein, weg sein, zurück sein

bei Fügungen aus Adjektiv und Verb, die steigerbar sind:

Beispiele:
laut reden, leicht fallen

bei Fügungen aus Partizip und Verb:

Beispiele:
geschenkt bekommen, gefangen nehmen, getrennt schreiben

bei Fügungen mit „-einander" oder „-wärts" und Verb:

Beispiele:
aufeinander liegen, aneinander reihen, abwärts wandern, aufwärts steigen, rückwärts gehen

bei Fügungen mit Adjektiven auf „-ig -isch -lich" und Verb:

Beispiele:
gründlich säubern, neidisch blicken, übrig bleiben

bei Fügungen mit „so – wie – zu" und Adjektiv, Adverb oder Pronomen:

Beispiele:
so viel, so wenig, wie viele, zu wenige

bei Fügungen aus Substantiv und Verb:

Beispiele:
Rad fahren, Auto fahren, Schlange stehen, Feuer legen

aber bei Substantivierung:
das Autofahren, das Schlangestehen

Laufzettel:

Name: ....

Klasse: .... Schuljahr: ....

 ohne Partner  mit Partner/ in der Gruppe

✗ Aufgabe bearbeitet

Nr.	Lernstationen		✗
1	Wörterlisten 1		○
2	Wörterdomino		○
3	Wörterdreher		○
4	Wörterlisten 2		○
5	Wörterlotto		○
6	Wörter-ABC		○
7	Wörterkarussell		○
8	Wörtersterne		○
9	Laufdiktat		○

Station 1:

Wörterlisten 1

Aufgabenblatt

Aufgabe:

Bearbeite in Ruhe die Wörterlisten.

In jeder Spalte wird dir erklärt, was du tun sollst.

Präge dir die jeweilige Schreibweise gut ein.

Hinweise:

Verwende in Zweifelsfällen dein Wörterbuch.

Trainiere regelmäßig mit dem Wörterbuch, damit du gesuchte Begriffe schnell findest. Wenn du magst, kannst du weitere Aufgaben für das Wörterlistentraining und eine eigene Wörterliste erstellen.

Lösung:

Lasse deine ausgefüllten Wörterlisten kontrollieren (von einer Mitschülerin oder einem Mitschüler, deinen Eltern, der Lehrerin oder dem Lehrer, …).

Station 1:

Wörterlisten 1

- Partikel und Verb
- Substantiv und Verb
- Adjektiv und Verb

Lies dir die Wörter in Ruhe durch und markiere schwierige Stellen.	Präge dir die Wörter in der 1. Spalte gut ein, decke sie ab und schreibe sie auswendig auf.	Ordne alle Wörter aus der 1. Spalte nach dem Alphabet.	Notiere jedes Wort aus der 1. Spalte auf ein Kärtchen und mache daraus ein Dosendiktat.	Suche dir einen Partner, der dir zum Abschluss alle Wörter aus der 1. Spalte diktiert.
hereinkommen				
hinfallen				
losfahren				
vorbeikommen				
zurückgeben				
herausholen				
wiederholen				
hineingehen				
wiederkommen				
zusammenstoßen				

Lies dir die Wörter in Ruhe durch und markiere schwierige Stellen.	Präge dir die Wörter in der 1. Spalte gut ein, decke sie ab und schreibe sie auswendig auf.	Ordne alle Wörter aus der 1. Spalte nach dem Alphabet.	Notiere jedes Wort aus der 1. Spalte auf ein Kärtchen und mache daraus ein Dosendiktat.	Suche dir einen Partner, der dir zum Abschluss alle Wörter aus der 1. Spalte diktiert.
schlafwandeln				
heimbringen				
wetteifern				
stattfinden				
irreführen				
preisgeben				
standhalten				
teilnehmen				
lobpreisen				
maßregeln				

Lies dir die Wörter in Ruhe durch und markiere schwierige Stellen.	Präge dir die Wörter in der 1. Spalte gut ein, decke sie ab und schreibe sie auswendig auf.	Ordne alle Wörter aus der 1. Spalte nach dem Alphabet.	Notiere jedes Wort aus der 1. Spalte auf ein Kärtchen und mache daraus ein Dosendiktat.	Suche dir einen Partner, der dir zum Abschluss alle Wörter aus der 1. Spalte diktiert.
langweilen				
totschlagen				
bereithalten				
fernsehen				
liebkosen				
vollbringen				
hochrechnen				
festsetzen				
kundgeben				
vollenden				

Station 2:

Wörterdomino

Aufgabenblatt

Aufgabe:

Lege zuerst alle Dominokärtchen auf den Tisch.

Überlege, welche beiden Begriffe zusammengehören und einen Ausdruck ergeben und lege sie untereinander.

Präge dir die Wörter gut ein und schreibe sie zur Übung auf.

Hinweise:

Schlage in Zweifelsfällen im Wörterbuch nach.

Das Merkblatt kann dir ebenfalls über die richtige Schreibweise Auskunft geben.

Lösung:

fernsehen	totschweigen	lobhudeln	weissagen
liebäugeln	vollstrecken	schwarzarbeiten	langweilen
kundtun	fehlschlagen	niederschreiben	frohlocken
stattfinden	wehklagen	gesundschreiben	krankfeiern

Station 2:

Wörterdomino

Dominokärtchen

Dominokärtchen kopieren, foliieren und ausschneiden

sagen	fern	sehen	statt
finden	tot	schweigen	weh
klagen	schwarz	arbeiten	gesund
schreiben	lang	weilen	krank
feiern	lieb	äugeln	nieder
schreiben	voll	strecken	froh
locken	kund	tun	lob
hudeln	fehl	schlagen	weis

Station 3:

Wörter umschreiben

Aufgabenblatt

Aufgabe:

Lies dir zuerst in Ruhe die Umschreibungen durch.

Formuliere die Umschreibungen so um, dass sie jeweils ein Wort ergeben.

Schreibe deine Lösungswörter in die Zeilen neben den Umschreibungen.

Hinweis:

Lies auf dem Merkblatt nach, welche Regel du zur Umformung der Begriffe brauchst.

Beispiel:

gegen Wetter beständig – **wetterbeständig**

Lösung:

im Schlaf wandeln – schlafwandeln
in der Sonne baden – sonnenbaden
gegen Hitze beständig – hitzebeständig
vor Freude strahlend – freudestrahlend
von Angst erfüllt – angsterfüllt
der Umstände halber – umständehalber
eine Bahn brechend – bahnbrechend
weich wie Butter – butterweich
das Herz erquickend – herzerquickend
etwa einen Meter hoch – meterhoch
in der Folge – infolge
lang bis zum Knie – knielang
den Strom abwärts – stromabwärts
durch das Milieu bedingt – milieubedingt
mehrere Jahre lang – jahrelang
einen Finger breit – fingerbreit
im Kopf rechnen – kopfrechnen
zum Schutz impfen – schutzimpfen

Station 3:

Wörter umschreiben

Arbeitsblatt

- im Schlaf wandeln
- in der Sonne baden
- gegen Hitze beständig
- vor Freude strahlend
- von Angst erfüllt
- der Umstände halber
- eine Bahn brechend
- weich wie Butter
- das Herz erquickend
- etwa einen Meter hoch
- in der Folge
- lang bis zum Knie
- den Strom abwärts
- durch das Milieu bedingt
- mehrere Jahre lang
- einen Finger breit
- im Kopf rechnen
- zum Schutz impfen

Station 4:

Wörterlisten 2

Aufgabenblatt

Aufgabe:

Bearbeite in Ruhe die Wörterlisten.

In jeder Spalte wird dir erklärt, was du tun sollst.

Präge dir die jeweilige Schreibweise gut ein.

Hinweise:

Verwende in Zweifelsfällen dein Wörterbuch.

Trainiere regelmäßig mit dem Wörterbuch, damit du gesuchte Begriffe schnell findest.

Wenn du magst, kannst du weitere Aufgaben für das Wörterlistentraining und eine eigene Wörterliste erstellen.

Lösung:

Lasse deine ausgefüllten Wörterlisten kontrollieren (von einer Mitschülerin oder einem Mitschüler, deinen Eltern, der Lehrerin oder dem Lehrer, ...).

Pflanzen

Station 4:

Wörterlisten 2

Arbeitsblatt

Fleisch fressend fleischfressend Hilfe suchend HILFESUCHEND herbstlichgelb herbstlich gelb hintereinandergehen hintereinander gehen Pflanzen

Lies dir die Wörter in Ruhe durch und markiere schwierige Stellen.	Präge dir die Wörter in der 1. Spalte gut ein, decke sie ab und schreibe sie auswendig auf.	Schlage alle Wörter im Wörterbuch nach und gib die Seitenzahlen an.	Notiere alle Wörter aus der 1. Spalte auf ein Blatt Papier und schreibe ein Laufdiktat.	Suche dir einen Partner, der dir zum Abschluss alle Wörter aus der 1. Spalte diktiert.
blauäugig		Seite		
schnellstmöglich		Seite		
angsterfüllt		Seite		
wehklagend		Seite		
wissbegierig		Seite		
zufrieden		Seite		
altersschwach		Seite		
todtraurig		Seite		
dreizehn		Seite		
bitterböse		Seite		

Lies dir die Wörter in Ruhe durch und markiere schwierige Stellen.	Präge dir die Wörter in der 1. Spalte gut ein, decke sie ab und schreibe sie auswendig auf.	Schlage alle Wörter im Wörterbuch nach und gib die Seitenzahlen an.	Notiere alle Wörter aus der 1. Spalte auf ein Blatt Papier und schreibe ein Laufdiktat.	Suche dir einen Partner, der dir zum Abschluss alle Wörter aus der 1. Spalte diktiert.
bergab		Seite		
kopfüber		Seite		
jederzeit		Seite		
stromabwärts		Seite		
diesmal		Seite		
erstmals		Seite		
mancherorts		Seite		
andererseits		Seite		
geradewegs		Seite		
bisweilen		Seite		

Lies dir die Wörter in Ruhe durch und markiere schwierige Stellen.	Präge dir die Wörter in der 1. Spalte gut ein, decke sie ab und schreibe sie auswendig auf.	Schlage alle Wörter im Wörterbuch nach und gib die Seitenzahlen an.	Notiere alle Wörter aus der 1. Spalte auf ein Blatt Papier und schreibe ein Laufdiktat.	Suche dir einen Partner, der dir zum Abschluss alle Wörter aus der 1. Spalte diktiert.
dergestalt		Seite		
derweilen		Seite		
zuhöchst		Seite		
zuerst		Seite		
irgendwer		Seite		
irgendjemand		Seite		
zuzeiten		Seite		
stattdessen		Seite		
infolge		Seite		
anhand		Seite		

Station 5:

Wörterlotto

Aufgabenblatt

Aufgabe:

Lege die Grundkarten auf den Tisch.

Breite alle Legekärtchen gut sichtbar aus.

Lege die Kärtchen auf die passenden Felder der Grundkarten, sodass sich jeweils ein neuer Begriff ergibt.

Schreibe die Wörter auf.

Hinweis:

Wenn du dir nicht sicher bist, welche Legekarte auf welches Feld der Grundkarte gehört, schlage einfach im Wörterbuch nach.

Lösung:

1. Verb und Verb:	2. Partizip und Verb:	3. Adjektiv und Verb:
spazieren gehen	bekannt machen	übrig bleiben
einkaufen gehen	gefangen nehmen	neidisch blicken
schlafen gehen	umfassend schreiben	gründlich putzen
kennen lernen	verloren gehen	lieblich duften
schreiben lernen	getrennt schreiben	fleißig sammeln
lesen lernen	geschenkt bekommen	trotzig schweigen
sitzen bleiben	zwinkernd schmunzeln	friedlich leben
liegen bleiben	verträumt blicken	schuldig sprechen
haften bleiben	ausschweifend erzählen	fertig machen

Station 5:

Wörterlotto

Grundkarten
Legekärtchen

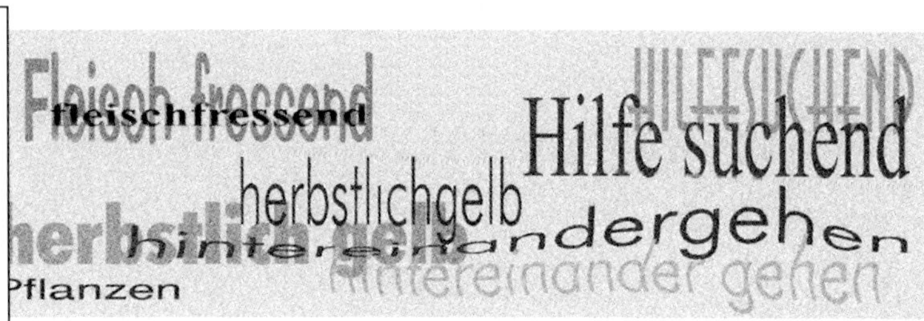

Grundkarten und Legekärtchen kopieren, Grundkarten auf ein Blatt legen und foliieren, Legekärtchen foliieren und ausschneiden

Verb und Verb (Grundkarte)

bleiben	bleiben	bleiben
lernen	lernen	lernen
gehen	gehen	gehen

Partizip und Verb (Grundkarte)

machen	nehmen	schreiben
gehen	erzählen	bekommen
schmunzeln	blicken	schreiben

Adjektiv und Verb (Grundkarte)

bleiben	blicken	putzen
duften	sammeln	schweigen
leben	sprechen	machen

Verb und Verb (Legekärtchen)

sitzen	haften	liegen
kennen	schreiben	lesen
spazieren	einkaufen	schlafen

Partizip und Verb (Legekärtchen)

bekannt	gefangen	umfassend
verloren	getrennt	geschenkt
zwinkernd	verträumt	aus-schweifend

Adjektiv und Verb (Legekärtchen)

übrig	neidisch	gründlich
lieblich	fleißig	trotzig
friedlich	schuldig	fertig

Station 6:

Wörter-ABC

Aufgabenblatt

fleischfressend Hilfe suchend herbstlichgelb hintereinandergehen Pflanzen

Aufgabe:

Lege zuerst alle Kärtchen mit der durch ✤ gekennzeichneten Seite nach oben gut sichtbar auf den Tisch.

Lege die Wörter mit demselben Anfangsbuchstaben zu einem kleinen Haufen zusammen.

Ordne alle Kärtchen alphabetisch von links nach rechts.

Wenn du das erledigt hast, drehe alle Kärtchen um und schreibe den Lösungssatz auf.

Lösung:

Lösungssatz:

Lernen ist wie Rudern gegen den Strom. Hört man auf, treibt man zurück.

Station 6:

Wörter-ABC

Kärtchen

Kärtchen kopieren, foliieren, ausschneiden und mit Vorder- und Rückseite zusammenkleben

Vorderseite:

✤ auseinander sein	✤ außerstande sein	✤ beisammen sein	✤ da sein	✤ dabei sein
✤ entfernt sein	✤ entzwei sein	✤ fertig sein	✤ frisch sein	✤ los sein
✤ pleite sein	✤ vonnöten sein	✤ vorbei sein	✤ vorhanden sein	✤ vorüber sein
✤ weg sein	✤ zufrieden sein	✤ zumute sein	✤ zurück sein	✤ zusammen sein

Rückseite:

Ler	nen	ist	wie	Ru
dern	ge	gen	den	Strom
.	Hört	man	auf	,
treibt	man	zu	rück	.

Station 7:

Wörter-karussell

Aufgabenblatt

Aufgabe:

Jeder von euch erhält eine Verbenliste.

Dreht der Reihe nach den Pfeil auf dem Karussell. Sucht auf der Verbenliste ein Verb, mit dem man das auf dem Karussell angezeigte Wort verbinden kann.

Schreibt diesen Ausdruck auf.

Kontrolliert euch gegenseitig und verwendet zum Nachschlagen das Wörterbuch.

Weitere Spielregeln fallen euch bestimmt noch selbst ein.

Hinweis:

Spielmaterial:

Drehscheibe, Verbenlisten, Wörterbücher, Papier und Schreibzeug

---

Lösung:

Es sind sehr viele Lösungen denkbar. Hier einige Beispiele:

Beispiel 1: Karussell: aufeinander/untereinander
Verb: liegen
Lösung: aufeinander liegen/untereinander liegen

Beispiel 2: Karussell: abwärts
Verbkarte: laufen
Lösung: abwärts laufen

Beispiel 3: Karussell: durcheinander
Verbkarte: essen
Lösung: durcheinander essen

Pflanzen

Station 7:

Wörter-karussell

Drehscheibe

Drehscheibe und Pfeil kopieren, auf Karton kleben, foliieren und ausschneiden; den Pfeil mit einem Streichholz oder Zahnstocher drehbar in die Kreismitte stecken

Station 7:
Wörter-karussell
Verbenliste

Grundform (Infinitiv)	Vergangenheit (Präteritum)	Mittelwort d. V. (Partizip II)
beginnen	begann	begonnen
beißen	biss	gebissen
biegen	bog	gebogen
binden	band	gebunden
blasen	blies	geblasen
brechen	brach	gebrochen
brennen	brannte	gebrannt
bringen	brachte	gebracht
denken	dachte	gedacht
essen	aß	gegessen
fahren	fuhr	gefahren
fallen	fiel	gefallen
fangen	fing	gefangen
finden	fand	gefunden
fliegen	flog	geflogen
fliehen	floh	geflohen
fließen	floss	geflossen
fressen	fraß	gefressen
frieren	fror	gefroren
geben	gab	gegeben
gehen	ging	gegangen
genießen	genoss	genossen
geschehen	geschah	geschehen
gewinnen	gewann	gewonnen
gießen	goss	gegossen
graben	grub	gegraben
greifen	griff	gegriffen
haben	hatte	gehabt
hängen	hing	gehangen
halten	hielt	gehalten
heben	hob	gehoben
klingen	klang	geklungen
kommen	kam	gekommen
können	konnte	gekonnt
kriechen	kroch	gekrochen
laden	lud	geladen
lassen	ließ	gelassen
laufen	lief	gelaufen
leiden	litt	gelitten
leihen	lieh	geliehen
lesen	las	gelesen
liegen	lag	gelegen
lügen	log	gelogen
messen	maß	gemessen
mögen	mochte	gemocht
nehmen	nahm	genommen
nennen	nannte	genannt
pfeifen	pfiff	gepfiffen
reiben	rieb	gerieben

Grundform (Infinitiv)	Vergangenheit (Präteritum)	Mittelwort d. V. (Partizip II)
reißen	riss	gerissen
reiten	ritt	geritten
rennen	rannte	gerannt
riechen	roch	gerochen
rufen	rief	gerufen
saufen	soff	gesoffen
schieben	schob	geschoben
schießen	schoss	geschossen
schlafen	schlief	geschlafen
schlagen	schlug	geschlagen
schleichen	schlich	geschlichen
schließen	schloss	geschlossen
schmeißen	schmiss	geschmissen
schneiden	schnitt	geschnitten
schreiben	schrieb	geschrieben
schreien	schrie	geschrien
schweigen	schwieg	geschwiegen
schwimmen	schwamm	geschwommen
schwingen	schwang	geschwungen
sehen	sah	gesehen
sein	war	gewesen
singen	sang	gesungen
sinken	sank	gesunken
sitzen	saß	gesessen
spinnen	spann	gesponnen
sprechen	sprach	gesprochen
springen	sprang	gesprungen
stechen	stach	gestochen
stehen	stand	gestanden
stehlen	stahl	gestohlen
steigen	stieg	gestiegen
stinken	stank	gestunken
stoßen	stieß	gestoßen
streichen	strich	gestrichen
streiten	stritt	gestritten
tragen	trug	getragen
treffen	traf	getroffen
treiben	trieb	getrieben
treten	trat	getreten
trinken	trank	getrunken
vergessen	vergaß	vergessen
wachsen	wuchs	gewachsen
waschen	wusch	gewaschen
weichen	wich	gewichen
werben	warb	geworben
werden	wurde	geworden
werfen	warf	geworfen
wissen	wusste	gewusst
ziehen	zog	gezogen
zwingen	zwang	gezwungen

Pflanzen

Station 8:

Wörtersterne

Aufgabenblatt

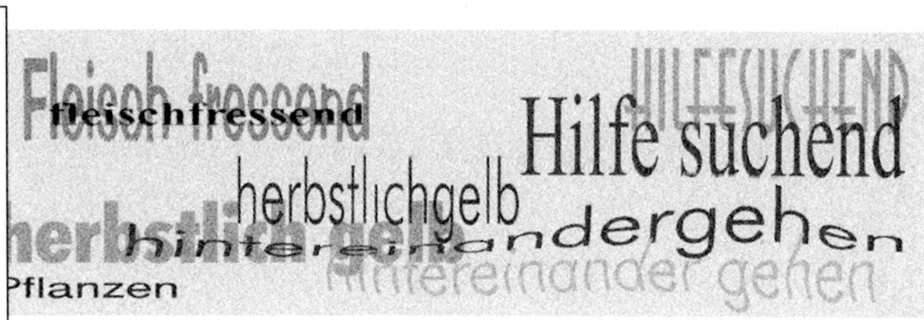

Aufgabe:

Schreibe zu jedem Wort in der Sternmitte das jeweilige Wort an der Sternspitze auf.

Sprich die Wörter dabei deutlich aus und präge dir die Schreibweise ein.

Schlage die Begriffe im Wörterbuch nach, präge dir die Worte ein und lies dir die Informationen zur Schreibweise **sorgfältig** durch und gib gegebenenfalls die Seitenzahl an.

Zusatzaufgabe:

Finde heraus, welche Begriffe sowohl getrennt als auch zusammengeschrieben werden können, und versuche die unterschiedliche Schreibung zu erklären.

Lösung:

Sternmitte:	zu	Sternmitte:	so	Sternmitte:	wie
Sternspitze:	viel	Sternspitze:	wenig	Sternspitze:	weit
Schreibe auf:	zu viel	Schreibe auf:	so wenig	Schreibe auf:	wie weit

Die anderen Wörter auf jedem Stern werden genauso aufgeschrieben.

Zusatzaufgabe:

solange, soviel, soweit, sowenig, sooft

Die Begriffe werden zusammengeschrieben, wenn sie als Konjunktion gebraucht werden.

Station 8:

Wörtersterne

Sterne

Sterne kopieren und foliieren

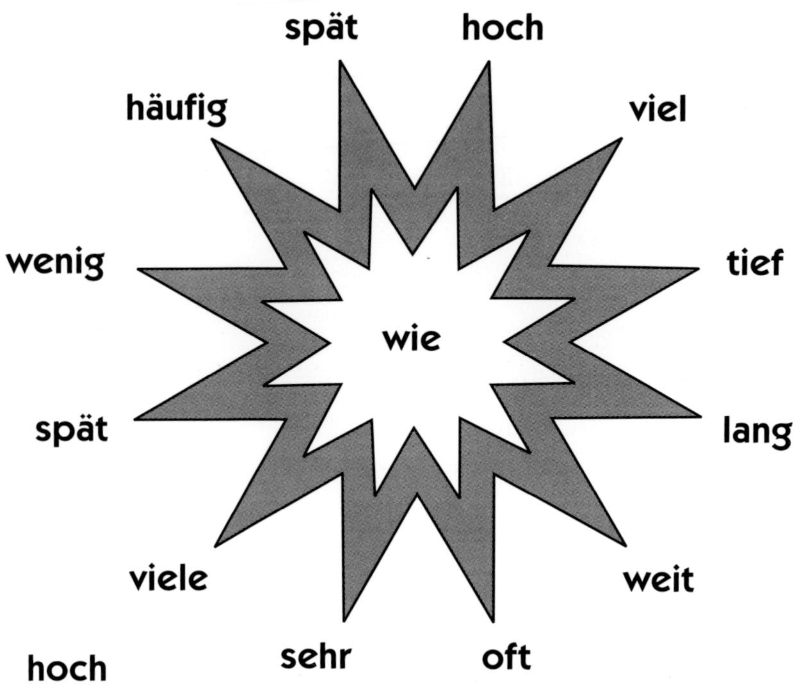

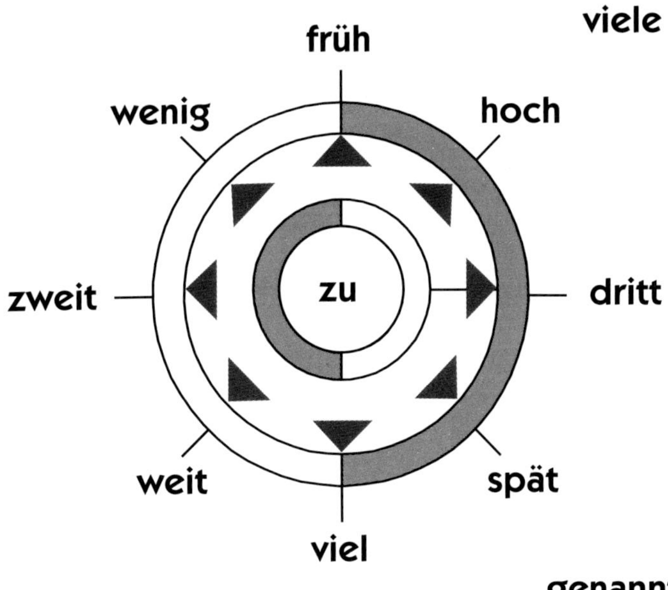

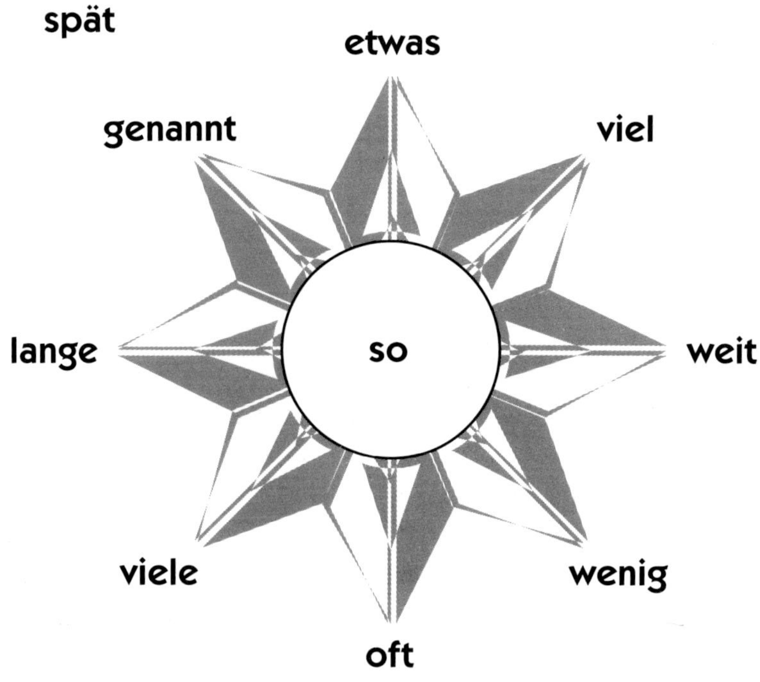

Station 9:

Laufdiktat

Aufgabenblatt

fleischfressend Hilfe suchend herbstlichgelb hintereinandergehen Pflanzen

Aufgabe:

Hänge das Laufdiktat irgendwo in diesem Raum auf.

Gehe zum Diktattext, präge dir einen oder mehrere Sätze ein, gehe zu deinem Arbeitsplatz zurück und schreibe den Satz oder die Sätze auswendig auf. Fülle dabei auch die Lücken (◆◆) mit den auf der rechten Seite angegebenen Begriffen aus.

Hinweise:

Schlage in Zweifelsfällen im Wörterbuch nach.

Versuche möglichst selten zum Diktattext zu laufen.
Präge dir also möglichst viele Sätze ein.

Lösung:

Der Mittelstürmer vergab eine 100-prozentige Tormöglichkeit.
Der 30-jährige Schwimmer erzielte einen neuen Europarekord
Der Fahrer lenkte seinen 30-Tonner souverän aus dem Hof.
Nach der Olympiade wird der 200-seitige Bildband erscheinen.
Im Pressegespräch stand der 7-malige Sieger Rede und Antwort.
Als jüngste Teilnehmerin errang die 15-Jährige eine Medaille.
Beim Wettangeln zog der spätere Sieger drei 10-Pfünder aus dem See.
Mit 99-prozentiger Wahrscheinlichkeit wird der Heimvorteil zum Sieg reichen.
Die Gastmannschaft fuhr am Ende mit einem verdienten 5:3-Sieg nach Hause.
Die Fans sangen im 3/4-Takt mit.

Station 9:

Laufdiktat

Arbeitsblatt

Der Mittelstürmer vergab eine ◆◆ Tormöglichkeit.	100 / Prozent
Der ◆◆ Schwimmer erzielte einen neuen Europarekord.	30 / Jahre
Der Fahrer lenkte seinen ◆◆ souverän aus dem Hof.	30 / Tonner
Nach der Olympiade wird der ◆◆ Bildband erscheinen.	200 / Seiten
Im Pressegespräch stand der ◆◆ Sieger Rede und Antwort.	7 / Male
Als jüngste Teilnehmerin errang die ◆◆ eine Medaille.	15 / Jahre
Beim Wettangeln zog der spätere Sieger drei ◆◆ aus dem See.	10 / Pfund
Mit ◆◆ Wahrscheinlichkeit wird der Heimvorteil zum Sieg reichen.	99 / Prozent
Die Gastmannschaft fuhr am Ende mit einem verdienten ◆◆ nach Hause.	5:3 / Sieg
Die Fans sangen im ◆◆ mit.	3/4 / Takt

Groß- und Kleinschreibung

Zur Information:

Die Groß- und Kleinschreibung gehört wie die Getrennt- und Zusammenschreibung zu den schwierigen Rechtschreibbereichen, weil es auch hier eine eindeutige Festlegung weder gab noch gibt. Bei einer genaueren Betrachtung der Änderungen fällt auf, dass die Reform wohl zu keiner wesentlichen Erleichterung und damit auch keiner Reduzierung von Fehlerquellen geführt hat.
Eine Hilfe für Schülerinnen und Schüler können auch hier Wörterlisten im Sinne eines Verzeichnisses mit häufig verwendeten Ausdrücken bieten. Die Arbeit mit dem Wörterbuch bleibt unerlässlich, denn es gibt auch weiterhin Zweifelsfälle in Hülle und Fülle.
Die Änderungen der Rechtschreibreform ließen einen Trend zur vermehrten Großschreibung erkennen. Verstärkt finden dabei auch grammatikalische Entscheidungskriterien ihre Anwendung. Wer allerdings 100-prozentig richtig groß- und kleinschreiben will, muss in Grammatik topfit sein.

Damit keine Überlagerung des Lernstoffs (Ähnlichkeitshemmung) eintritt, sollten die Stationen 1–4 und 5–7 in einem gewissen zeitlichen Abstand geübt werden!

Die einzelnen Stationen haben folgende Übungsschwerpunkte:

Station	Bezeichnung	Übungsschwerpunkt
1	Wörterlisten 1	Großschreibung
2	Begriffsdomino	Großschreibung
3	Begriffslotto	Großschreibung
4	Terminkalender	Großschreibung
5	Wörterlisten 2	Kleinschreibung
6	Testament	Kleinschreibung
7	Briefpuzzle	Kleinschreibung
8	Wörtersterne	Groß- und Kleinschreibung
9	Ballonfahrt	Groß- und Kleinschreibung

Informationen zu den Lernmaterialien:

Station	Bezeichnung	Materialtipps
1	Wörterlisten 1	Wörterlisten (evtl. vergrößert) in gewünschter Menge kopieren
2	Begriffsdomino	Kärtchen kopieren, foliieren und ausschneiden
3	Wörterlotto	Grundkarte und Legekärtchen kopieren, foliieren und ausschneiden
4	Terminkalender	Bild- und Begriffskärtchen kopieren, foliieren und ausschneiden
5	Wörterlisten 2	Wörterlisten (evtl. vergrößert) in gewünschter Menge kopieren
6	Testament	Text kopieren und foliieren
7	Briefpuzzle	Textpuzzle kopieren und foliieren, Puzzleteile ausschneiden
8	Wörtersterne	Sterne, Sechs- und Dreiecke kopieren, foliieren und ausschneiden
9	Ballonfahrt	Kärtchen kopieren, foliieren und ausschneiden, Spielplan ausgestalten

Merkblatt
Großschreibung

Satzanfänge:

Folgt nach einem **Doppelpunkt** ein vollständiger Satz, wird das erste Wort großgeschrieben.

Beispiele:
Bitte beachten Sie folgenden Hinweis: **Alle** Türen sind frisch gestrichen.
Die Spielregel lautet: **Würfelst** du eine Sechs, darfst du erneut würfeln.

Personen-/Eigennamen:

Außer bei „normalen" Eigennamen gilt die Großschreibung auch in folgenden Fällen:

– Titel und Ehrenbezeichnungen
Beispiele:
Heiliger Vater, **Regierender** Bürgermeister

– Tier-/Pflanzenarten in der Biologie
Beispiele:
Roter Milan, **Fleißiges** Lieschen

– besondere Kalendertage
Beispiele:
Heiliger Abend, **Weißer** Sonntag, **Erster** Mai

– historische Ereignisse und Epochen
Beispiele:
Westfälischer Friede, **Französische** Revolution

– Ableitungen von Personennamen mit Apostroph
Beispiele:
das **Ohm**'sche Gesetz, die **Grimm**'schen Märchen, die **Goethe'schen** Dramen

Substantivierung:

Zeitangaben nach „vorgestern – gestern – heute – morgen – übermorgen" schreibt man groß.

Beispiele:
heute **Morgen**, gestern **Mittag**, übermorgen **Abend**

Substantivierte Adjektive in festen Wendungen werden ausschließlich großgeschrieben.

Beispiele:
das **Weite** suchen, im **Dunkeln** tappen, im **Großen und Ganzen**, im **Trüben** fischen, nicht das **Geringste**

Substantive in Verbindung mit einer Präposition oder einem Verb schreibt man immer groß.

Beispiele:
in **Acht** nehmen, **Recht** sprechen, **Auto** fahren, ...
mit **Bezug** auf, auf **Grund**, außer **Acht**

Großschreibung gilt auch für adverbiale Wendungen nach folgendem Typ.

Beispiele:
im **Allgemeinen**, im **Nachhinein**

Paarformeln mit nicht deklinierten Adjektiven werden großgeschrieben.

Beispiele:
Arm und **Reich**, **Alt** und **Jung**, **Groß** und **Klein**

Grundsatz:

Im Zweifelsfall im Wörterbuch nachschlagen!

Merkblatt
Kleinschreibung

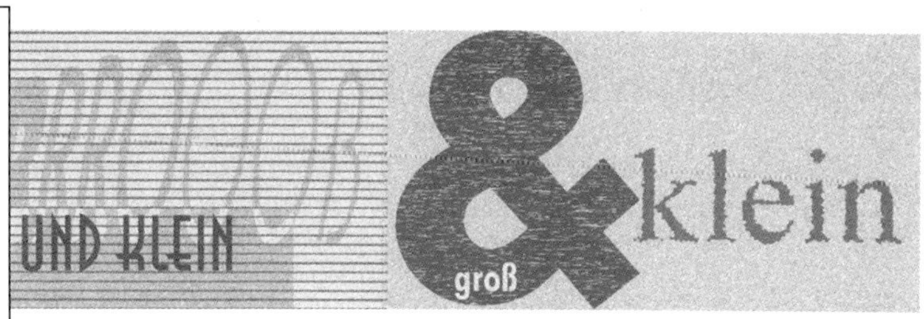

Anredepronomen:

Die Anredepronomen „du“ und „ihr“ und die entsprechenden Possessivpronomen „dein“ und „euer“ schreibt man klein.

Beispiele:
Würdet **ihr** mir helfen? Wann kommst **du**?
Lieber Fritz,
diesen Brief schreibe ich **dir**, weil ich endlich **eure** Fotos entwickelt habe.

Personen-/Eigennamen:

Bei festen Fügungen wird der adjektivische Teil durchgehend kleingeschrieben, falls es sich nicht um einen Eigennamen handelt.

Beispiele:
schwarzes Brett, **italienischer** Salat, **blauer** Brief, **gelbe** Karten, **schwarzes** Schaf

Ableitungen von Personennamen werden bei adjektivischem Gebrauch kleingeschrieben.

Beispiele:
das **ohmsche** Gesetz, **homerische** Epen

Grundsatz 1:

Im Zweifelsfall im Wörterbuch nachschlagen!

Grundsatz 2:

Wörterlisten mit Sonderfällen anlegen!

Desubstantivierung:

Klein schreibt man Substantive in Verbindung mit den Verben **„sein – bleiben – werden“**.

Beispiele:
angst und **bange** sein, **schuld** sein, **pleite** sein, **gram** sein

Einige Pronomen und Zahladjektive werden kleingeschrieben, auch wenn sie als Stellvertreter für Substantive gebraucht werden.

Beispiele:
Das **eine** tun, das **andere** nicht lassen.
Das hat schon **mancher** versucht.
Heute gelingt mir einfach **alles**.
Er hat **sehr viel** gegessen.

Achtung:

Bei Superlativen mit **„aufs“** kann groß- oder kleingeschrieben werden.

Beispiele:
aufs **beste** oder aufs **Beste**
aufs **herzlichste** oder aufs **Herzlichste**
aufs **einfachste** oder aufs **Einfachste**

Superlative mit „am“ werden als ganz normale Adjektivform kleingeschrieben.

Beispiele:
am liebsten, am besten

Laufzettel:

Name: ....

Klasse: .... Schuljahr: ....

ohne Partner — mit Partner/ in der Gruppe

✗ Aufgabe bearbeitet

Nr.	Lernstationen		✗
1	Wörterlisten 1		○
2	Begriffsdomino		○
3	Begriffslotto		○
4	Terminkalender		○
5	Wörterlisten 2		○
6	Testament		○
7	Briefpuzzle		○
8	Wörtersterne		○
9	Ballonfahrt		○

Station 1:

Wörterlisten 1

Aufgabenblatt

Aufgabe:

Bearbeite in Ruhe die Wörterlisten.

In jeder Spalte wird dir erklärt, was du tun sollst.

Präge dir die jeweilige Schreibweise und die entsprechenden Regeln der „Großschreibung“ gut ein. Die Regeln findest du auf dem Merkblatt.

Hinweise:

Verwende in Zweifelsfällen dein Wörterbuch.

Trainiere regelmäßig mit dem Wörterbuch, damit du gesuchte Begriffe schnell findest. Wenn du magst, kannst du weitere Aufgaben für das Wörterlistentraining und eine eigene Wörterliste erstellen.

Lösung:

Lasse deine ausgefüllten Wörterlisten kontrollieren (von einer Mitschülerin oder einem Mitschüler, deinen Eltern, der Lehrerin oder dem Lehrer, ...).

Station 1:
Wörterlisten 1
Kopiervorlage

Lies dir die Wörter in Ruhe durch und markiere schwierige Stellen.	Präge dir die Wörter in der 1. Spalte gut ein, decke sie ab und schreibe sie auswendig auf.	Ordne alle Wörter aus der 1. Spalte nach dem Alphabet.	Notiere jedes Wort aus der 1. Spalte auf ein Kärtchen und mache daraus ein Dosendiktat.	Suche dir einen Partner, der dir zum Abschluss alle Wörter aus der 1. Spalte diktiert.
der Erste				
der Letzte				
der Nächste				
jeder Dritte				
alles Übrige				
der Vorletzte				
der Einzelne				
das Ganze				
alles Mögliche				
als Zweiter				

Lies dir die Wörter in Ruhe durch und markiere schwierige Stellen.	Präge dir die Wörter in der 1. Spalte gut ein, decke sie ab und schreibe sie auswendig auf.	Ordne alle Wörter aus der 1. Spalte nach dem Alphabet.	Notiere jedes Wort aus der 1. Spalte auf ein Kärtchen und mache daraus ein Dosendiktat.	Suche dir einen Partner, der dir zum Abschluss alle Wörter aus der 1. Spalte diktiert.
auf Seiten				
auf Abruf				
in Bälde				
im Grunde				
im Klaren				
im Folgenden				
im Nachhinein				
im Allgemeinen				
des Weiteren				
im Wesentlichen				

Lies dir die Wörter in Ruhe durch und markiere schwierige Stellen.	Präge dir die Wörter in der 1. Spalte gut ein, decke sie ab und schreibe sie auswendig auf.	Ordne alle Wörter aus der 1. Spalte nach dem Alphabet.	Notiere jedes Wort aus der 1. Spalte auf ein Kärtchen und mache daraus ein Dosendiktat.	Suche dir einen Partner, der dir zum Abschluss alle Wörter aus der 1. Spalte diktiert.
in Bezug auf				
auf Grund				
außer Acht				
bei Rot				
auf Deutsch				
in Englisch				
ins Schwarze				
im Grünen				
mit Spanisch				
ohne Französisch				

Station 2:

Begriffsdomino

Aufgabenblatt

Aufgabe:

Lege zuerst alle Dominokärtchen auf den Tisch.

Überlege, welche beiden Begriffe einen Ausdruck ergeben, und füge sie aneinander.

Präge dir die Ausdrücke gut ein und schreibe sie zur Übung auf.

Denke dir zu jedem Ausdruck einen Satz aus.

Hinweis:

Verwende im Zweifelsfall dein Wörterbuch.

Lösung:

auf Grün schalten
auf Abruf stehen
im Trüben fischen
in Betracht kommen
außer Acht lassen
zu Berge stehen
zum Besten geben

das Weite suchen
zu Hilfe kommen
im Argen liegen
in Gang setzen
zum Guten wenden
in Kauf nehmen
im Dunkeln tappen

den Kürzeren ziehen
auf dem Trockenen sitzen
auf dem Laufenden sein
Gleiches mit Gleichem vergelten
ins Schwarze treffen
im Besonderen erwähnen

Station 2:

Begriffsdomino

Dominokärtchen

Dominokärtchen kopieren, foliieren und ausschneiden

wenden	auf Grün	schalten	zu Berge
stehen	das Weite	suchen	in Betracht
kommen	auf Abruf	stehen	zu Hilfe
kommen	im Dunkeln	tappen	in Gang
setzen	im Trüben	fischen	auf dem Laufenden
sein	auf dem Trockenen	sitzen	ins Schwarze
treffen	den Kürzeren	ziehen	zum Besten
geben	in Kauf	nehmen	Gleiches mit Gleichem
vergelten	im Besonderen	erwähnen	im Argen
liegen	außer Acht	lassen	zum Guten

Station 3:

Begriffslotto

Aufgabenblatt

Aufgabe:

Lege zuerst die Grundkarte auf den Tisch.

Verteile danach alle Legekärtchen gut sichtbar daneben.

Lege die Kärtchen auf die passenden Felder der Grundkarte.

Schreibe die so entstandenen Begriffe auf.

Hinweis:

Wenn du dir nicht sicher bist, welches Legekärtchen auf welches Feld der Grundkarte gehört, schlage einfach im Wörterbuch nach.

Lösung:

Rad fahren
Angst haben
Schuld geben
Pleite gehen
Maß halten

Ernst machen
Recht sprechen
Kopf stehen
Not leiden

Station 3:

Begriffslotto

Grundkarte
Legekärtchen

Grundkarte und Legekärtchen kopieren, foliieren und ausschneiden

Grundkarte:

haben	geben	gehen
halten	leiden	stehen
sprechen	fahren	machen

Legekärtchen:

Rad	Angst	Schuld
Pleite	Maß	Not
Kopf	Recht	Ernst

Station 4:
Termin-kalender
Aufgabenblatt

Aufgabe:

Lege zuerst alle Bild- und Begriffskärtchen auf den Tisch.
Suche zu jeder Zeitangabe und Tätigkeit das passende Bild von Frau Eilig.
Schreibe jeweils einen Satz dazu.

Zusatzaufgabe: Erfinde weitere Termine für Frau Eilig.

Hinweise:

Benutze beim Aufschreiben der Sätze immer dein Wörterbuch.
Das Merkblatt informiert dich über die Regel „Schreibweise von Tageszeiten".

Lösung:

Gestern Nachmittag hat Frau Eilig bis 18.00 Uhr einen wichtigen Brief getippt.
Gestern Abend hat Frau Eilig um 22.00 Uhr den Bus verpasst und war ziemlich wütend.
Heute Morgen hat sie um 8.00 Uhr angefangen Akten in Regale zu räumen.
Heute Mittag wird sie um 13.00 Uhr mit ihrem Kollegen essen gehen.
Morgen Mittag möchte sie von 13.00-14.00 Uhr gern ausspannen.
Morgen Nachmittag muss sie dann um 15.00 Uhr einen Vortrag halten.
Übermorgen Abend geht sie um 18.00 Uhr mit ihrer Schwester Tennis spielen.
Am Freitagabend fährt Frau Eilig um 20.00 Uhr in ihren wohlverdienten Urlaub.

(Dies sind nur Beispiele für mögliche Formulierungen.)

Station 4:

Termin-kalender

Bild- und Begriffskärtchen

Bild- und Begriffskärtchen kopieren, foliieren und ausschneiden

HEUTE MITTAG

13.00 Uhr
essen gehen

AM FREITAGABEND

20.00 Uhr
Urlaub

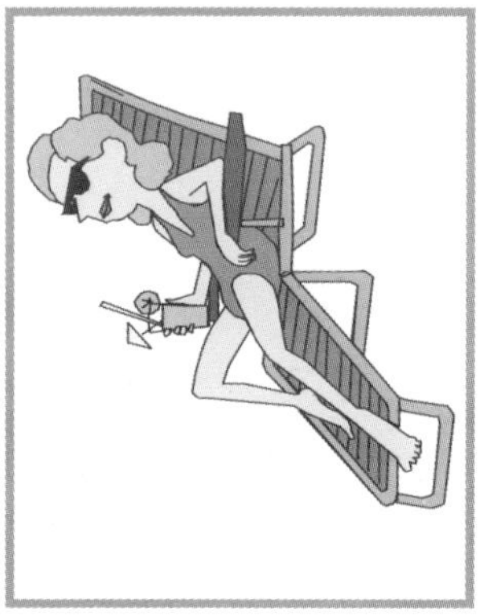

ÜBERMORGEN ABEND

18.00 Uhr
Tennis spielen

MORGEN MITTAG

13.00-14.00 Uhr
ausspannen

MORGEN NACHMITTAG

15.00 Uhr
Vortrag halten

HEUTE MORGEN

8.00 Uhr
Akten in Regale räumen

GESTERN NACHMITTAG

bis 18.00 Uhr
Brief getippt

GESTERN ABEND

22.00 Uhr
Bus verpasst

Station 5:

Wörterlisten 2

Aufgabenblatt

Aufgabe:

Bearbeite in Ruhe die Wörterlisten.

In jeder Spalte wird dir erklärt, was du tun sollst.

Präge dir die jeweilige Schreibweise und die entsprechenden Regeln der „Kleinschreibung“ gut ein. Die Regeln findest du auf dem Merkblatt.

Hinweise:

Verwende in Zweifelsfällen dein Wörterbuch.

Trainiere regelmäßig mit dem Wörterbuch, damit du gesuchte Begriffe schnell findest. Wenn du magst, kannst du weitere Aufgaben für das Wörterlistentraining und eine eigene Wörterliste erstellen.

Lösung:

Lasse deine ausgefüllten Wörterlisten (von einer Mitschülerin oder einem Mitschüler, deinen Eltern, der Lehrerin oder dem Lehrer, ...) kontrollieren.

Station 5:

Wörterlisten 2

Aufgabenblatt

Lies dir die Wörter in Ruhe durch und markiere schwierige Stellen.	Präge dir die Wörter in der 1. Spalte gut ein, decke sie ab und schreibe sie auswendig auf.	Schlage alle Wörter im Wörterbuch nach und gib die Seitenzahlen an.	Notiere alle Wörter auf einem Blatt Papier und schreibe ein Laufdiktat.	Suche dir einen Partner, der dir zum Abschluss alle Wörter aus der 1. Spalte diktiert.
wert sein		Seite		
bange werden		Seite		
gram sein		Seite		
pleite sein		Seite		
leid werden		Seite		
schuld sein		Seite		
gram bleiben		Seite		
leid sein		Seite		
recht sein		Seite		
ernst werden		Seite		

Lies dir die Wörter in Ruhe durch und markiere schwierige Stellen.	Präge dir die Wörter in der 1. Spalte gut ein, decke sie ab und schreibe sie auswendig auf.	Schlage alle Wörter im Wörterbuch nach und gib die Seitenzahlen an.	Notiere alle Wörter auf einem Blatt Papier und schreibe ein Laufdiktat.	Suche dir einen Partner, der dir zum Abschluss alle Wörter aus der 1. Spalte diktiert.
sehr viele		Seite		
ein jeder		Seite		
nur wenige		Seite		
alles andere		Seite		
ein anderer		Seite		
die vielen		Seite		
das wenigste		Seite		
viele andere		Seite		
sehr vieles		Seite		
wie viel		Seite		

Lies dir die Wörter in Ruhe durch und markiere schwierige Stellen.	Präge dir die Wörter in der 1. Spalte gut ein, decke sie ab und schreibe sie auswendig auf.	Schlage alle Wörter im Wörterbuch nach und gib die Seitenzahlen an.	Notiere alle Wörter auf einem Blatt Papier und schreibe ein Laufdiktat.	Suche dir einen Partner, der dir zum Abschluss alle Wörter aus der 1. Spalte diktiert.
das schwarze Brett		Seite		
der weiße Tod		Seite		
die erste Hilfe		Seite		
die große Pause		Seite		
die erste Geige		Seite		
der blaue Brief		Seite		
der italienische Salat		Seite		
schwedische Gardinen		Seite		
der erste April		Seite		
die gelbe Karte		Seite		

Station 6:

Testament

Aufgabenblatt

Aufgabe:

Lies dir zunächst in Ruhe den Text durch.

Schreibe das Testament fehlerfrei nach der neuen Rechtschreibung ab.

Tipp: Du kannst dir den Text auch diktieren lassen.

Hinweise:

Ehe du den Text niederschreibst, lies alle Regeln zur „Groß- und Kleinschreibung" auf deinen Merkblättern noch einmal durch.

Verwende in Zweifelsfällen dein Wörterbuch.

Lösung:

Liebe Kinder,

heute Nacht nahm ich mir vor euch an diesem Morgen eine Lehre fürs Leben niederzuschreiben. Lest sie aufs (G)genaueste durch, so werdet ihr euch über kurz oder lang daran erinnern und bei Gelegenheit vielleicht danach handeln. Ich kann euch zwar nur wenig hinterlassen, aber dieses wenige ist, euch etwas Vernünftiges studieren zu lassen, und dazu habe ich mein Bestes getan.
So seid ihr im Großen und Ganzen im Stande (imstande) euch durchzuschlagen. Sollte aber einer von euch jemals in Nöten sein, so ist es notwendig, dass ihr euch gegenseitig helft. Seid keinem Feind, denn für jemanden ein Feind zu sein, kann Unheil bringen. Tut niemandem ein Leid, es könnte euch vielleicht hinterher Leid tun. Euer Vater hat früher manchmal zu seinen Schülern gesagt: „Tut nichts Böses, so wird man euch auch nicht böse sein!" Seid also friedfertig und tut nie Unrecht!
Wählt nicht den ersten Besten zu eurem Freund. Wollt ihr Wichtiges fertig bringen, so müsst ihr auf dem Laufenden bleiben. Zieht nie eine ernste Sache ins Lächerliche. Verachtet nie das Einfache, so wird es für euch auch einfach sein mit dem Schwierigen fertig zu werden.
Zuletzt rate ich euch: Steht zu euch selbst, so braucht euch nicht angst und bange sein. Ohne Angst könnt ihr so das Schöne und das weniger Angenehme eures Lebens meistern.

Eure Mutter

Station 6:

Testament

Text

Liebe kinder,

heute nacht nahm ich mir vor, euch an diesem morgen eine lehre fürs leben niederzuschreiben. Lest sie aufs genaueste durch, so werdet ihr euch über kurz oder lang daran erinnern und bei gelegenheit vielleicht danach handeln. Ich kann euch zwar nur wenig hinterlassen, aber dieses wenige ist, euch etwas vernünftiges studieren zu lassen, und dazu habe ich mein bestes getan.
So seid ihr im großen und ganzen im stande euch durchzuschlagen. Sollte aber einer von euch jemals in nöten sein, so ist es notwendig, dass ihr euch gegenseitig helft. Seid keinem feind, denn für jemanden ein feind zu sein kann unheil bringen. Tut niemandem ein leid, es könnte euch vielleicht hinterher leid tun. Euer vater hat früher manchmal zu seinen schülern gesagt: „Tut nichts böses, so wird man euch auch nicht böse sein!“ Seid also friedfertig und tut nie unrecht!
Wählt nicht den ersten besten zu eurem freund. Wollt ihr wichtiges fertig bringen, so müsst ihr auf dem laufenden bleiben. Zieht nie eine ernste sache ins lächerliche. Verachtet nie das einfache, so wird es für euch auch einfach sein mit dem schwierigen fertig zu werden.
Zuletzt rate ich euch: Steht zu euch selbst, so braucht euch nicht angst und bange sein. Ohne angst könnt ihr so das schöne und das weniger angenehme eures lebens meistern.

eure mutter

(vereinfachte Version des kosogschen Diktates von 1912)

Station 7:

Briefpuzzle

Aufgabenblatt

Aufgabe:

Lege zuerst alle Puzzleteile auf den Tisch.

Füge die Teile zu einem Brieftext zusammen.

Schreibe den Brief ab und setze alle fehlenden Anredepronomen ein. Sie fehlen dort, wo du das Zeichen ✎ siehst.

Hinweis:

Bevor du die Anredepronomen in den Brieftext einfügst, lies auf deinem Merkblatt noch einmal die entsprechende Regel nach.

Lösung:

Pfronten, 21. Juli 2004

Liebe Eltern,
hallo, Bruderherz,
hey, Clara,

ich bin nun bald zehn Tage in Pfronten und endlich habe ich Post von **euch** erhalten. Sehr froh bin ich, dass **du**, Bruderherz, den Sturz mit **deinem** Motorrad glücklich überstanden hast und **deinen** Dienst am nächsten Montag wieder aufnimmst. Was wäre denn die Polizei ohne **dich**? Immerhin habe ich ein bisschen mit **dir** gelitten.
Was machen eigentlich meine Kaninchen? Füttert **ihr** sie auch regelmäßig? Beißt das graue **dich** noch immer, kleine Schwester, oder ist es jetzt nett zu **dir**? Ach, ich höre so gern von **euch** allen! Wann ruft **ihr** wieder bei mir an?
Mich würdet **ihr** kaum wieder erkennen, so braun bin ich geworden. Auch Opa meint, dass **ihr euch** wundern werdet, wenn **ihr** mich wieder seht. Abends sitzen wir immer auf der Bank vor dem Haus und sprechen viel von **euch**.
Besonders **deine** Jugendsünden, Mutti, machen mir viel Spaß. Oma möchte gerne, dass **ihr** alle mich am Ende der Sommerferien in Pfronten abholt.
Gestern kraxelten wir auf den Aggenstein; **ihr** könnt **euch** vorstellen, wie wir bei dieser Hitze schwitzten, das Wasser lief nur so an uns herunter. Die Aussicht gefiel uns gut und wir hatten einen Blick bis zur Zugspitze.
Ich werfe für **euch** heute Abend noch eine Ansichtskarte in den Briefkasten.
Wenn ich wieder bei **euch** zu Hause bin, werde ich **euch** meine Fotos zeigen, die besser als **deine** sind, Papa.

Herzlichst grüßt **euch**

euer Thomas

Station 7:

Briefpuzzle

Textpuzzle

Textpuzzle kopieren, foliieren und zerschneiden

Pfronten, 21. Juli 2004

Liebe Eltern,
hallo, Bruderherz,
hey, Clara,

ich bin nun bald zehn Tage in Pfronten und endlich habe ich Post von ✎ erhalten. Sehr froh bin ich, dass ✎, Bruderherz, den Sturz mit ✎ Motorrad glücklich überstanden hast und ✎ Dienst am nächsten Montag wieder aufnimmst. Was wäre denn die Polizei ohne ✎? Immerhin habe ich ein bisschen mit ✎ gelitten.
Was machen eigentlich meine Kaninchen? Füttert ✎ sie auch regelmäßig? Beißt das graue ✎ noch immer, kleine Schwester, oder ist es jetzt nett zu ✎? Ach, ich höre so gern von ✎ allen! Wann ruft ✎ wieder bei mir an? Mich würdet ✎ kaum wieder erkennen, so braun bin ich geworden. Auch Opa meint, dass ✎ wundern werdet, wenn ✎ mich wieder seht. Abends sitzen wir immer auf der Bank vor dem Haus und sprechen viel von ✎.
Besonders ✎ Jugendsünden, Mutti, machen mir viel Spaß. Oma möchte gerne, dass ✎ alle mich am Ende der Sommerferien in Pfronten abholt. Gestern kraxelten wir auf den Aggenstein; ✎ könnt ✎ vorstellen, wie wir bei dieser Hitze schwitzten, das Wasser lief nur so an uns herunter. Die Aussicht gefiel uns gut und wir hatten einen Blick bis zur Zugspitze. Ich werfe für ✎ heute Abend noch eine Ansichtskarte in den Briefkasten. Wenn ich wieder bei ✎ euch zu Hause bin, werde ich ✎ meine Fotos zeigen, die besser als ✎ sind, Papa.

Herzlichst grüßt ✎

✎ Thomas

  ◆ Abjezzwirdhirabbaaleßvöllichkohrectunttierischklaseuntriechtikgehschriipn

Station 8:
Wörtersterne
Aufgabenblatt

Aufgabe:

Lege den Stern vor dich und verteile die drei Sechsecke und die Dreiecke auf dem Tisch. Lege zuerst eines der drei Sechsecke auf den Stern. Überlege danach, welche Dreiecke (jeweils sechs) zu den Begriffen auf dem Sechseck passen. Lege die Dreiecke, die du ausgewählt hast, auf die Sternspitzen.

Schreibe zum Schluss die Begriffe auf, die sich aus der Kombination der Begriffe auf dem Sechseck mit den Dreiecken ergeben.

Verfahre mit den anderen beiden Sechsecken genauso.

Hinweise:

Falls du dir beim Schreiben unsicher bist, schlage im Wörterbuch nach.

Lies dir vor dem Üben die entsprechenden Regeln auf den beiden Merkblättern durch.

Lösung:

Sechseck:	**Sechseck:**	**Sechseck:**
italienisch	Goethe	Kilogramm
englisch	Schiller	Pfund
französisch	Lessing	Sekunde
Dreiecke:	**Dreiecke:**	**Dreiecke:**
Küche	Schriften	1/4
Sprache	Werke	1/2
Bücher	Dramen	1/8
Spezialitäten	Gedichte	3/4
Währung	Briefe	1/5
Geschichte	Abhandlungen	1/10

⬢ italienische/englische/französische
▲ Küche/Sprache/Bücher/Spezialitäten/Währung/Geschichte

⬢ goethesche (goethische)/schillersche/lessingsche
▲ Schriften/Dramen/Gedichte/Briefe/Abhandlungen/Werke

oder ⬢ Goethe'sche/Schiller'sche/Lessing'sche
▲ Schriften/Dramen/Gedichte/Briefe/Abhandlungen/Werke

▲ ein viertel/ein halbes/ein achtel/drei viertel/ein fünftel/ein zehntel
⬢ Pfund/Kilogramm

▲ eine viertel/eine halbe/eine achtel/eine fünftel/eine zehntel
⬢ Sekunde, ▲ drei viertel ⬢ Sekunden

Hier ist auch Zusammenschreibung möglich:
eine Viertelsekunde/eine Achtelsekunde/eine Fünftelsekunde/eine Zehntelsekunde/drei Viertelsekunden

Station 8:

Wörtersterne

Stern, Sechs- und Dreiecke

Sterne, Sechs- und Dreiecke kopieren, foliieren und ausschneiden

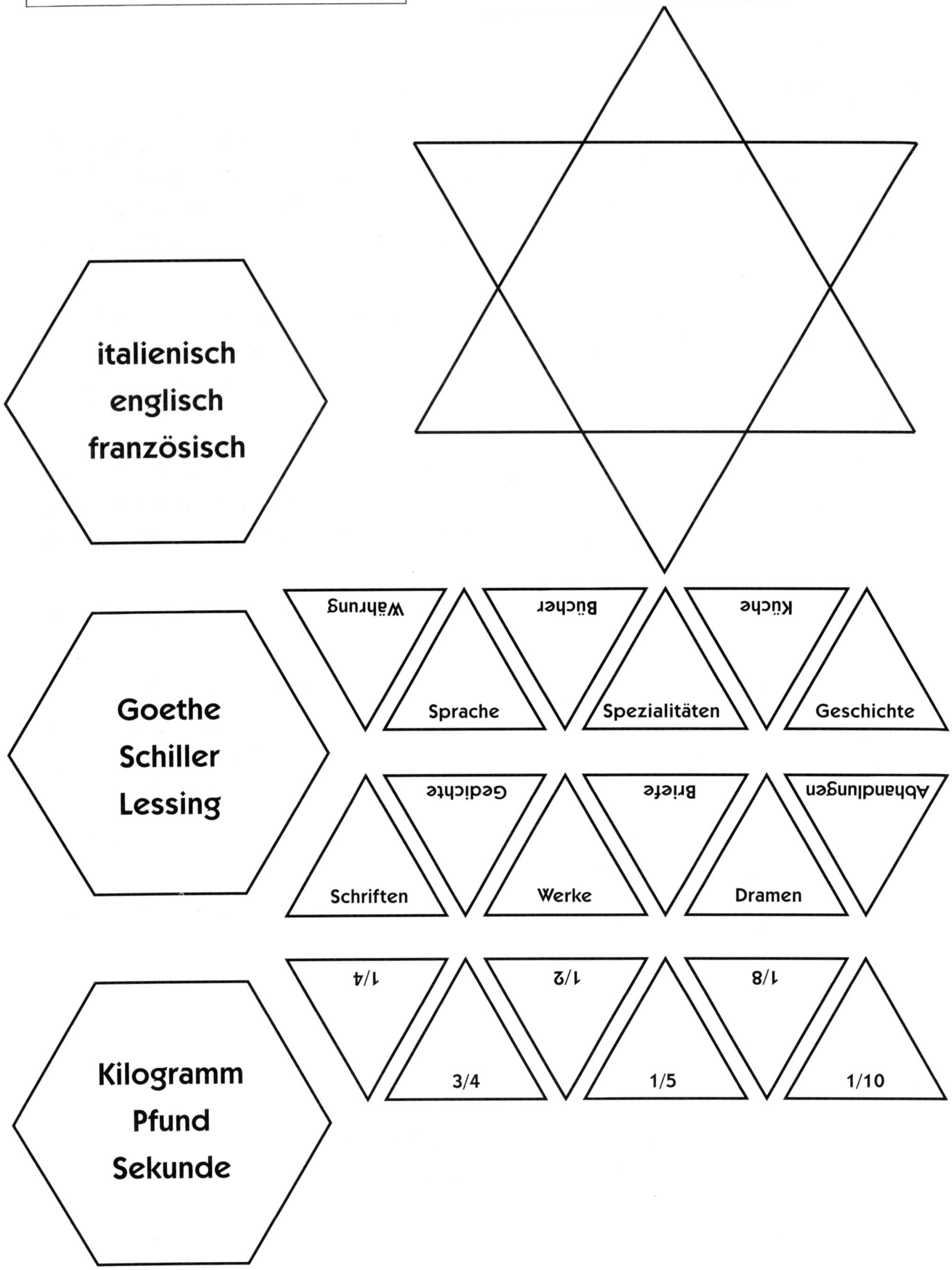

Ballonfahrt

Aufgabenblatt

Aufgabe:

Lost die Startplätze aus. Jeder von euch erhält die Aufgabenkärtchen mit den Kreissymbolen neben seinem Startplatz. Dies sind eure eigenen Symbole. Nachdem die Kärtchen gemischt wurden, legt sie jeder verdeckt vor sich auf den Tisch. Gewürfelt wird reihum. Wer eine Sechs würfelt, darf mit dem Ziehen beginnen.

Jetzt beginnt die „Ballonfahrt". Nach den ersten sieben Feldern müsst ihr entscheiden, ob ihr eure Ballonreise links- oder rechtsherum unternehmt.

- Trefft ihr auf ein Feld mit eurem eigenen Symbol, müsst ihr eine Runde aussetzen.
- Gelangt ihr auf ein Feld mit einem fremden Symbol, nimmt dessen Besitzer die oberste Aufgabenkarte von seinem Stapel und liest euch einen Begriff vor. Ihr müsst den Begriff aufschreiben. Anschließend wird die korrekte Schreibweise kontrolliert.
- Habt ihr die Aufgabe richtig gelöst, dürft ihr das Kärtchen zur Belohnung behalten.
- Habt ihr beim Schreiben einen Fehler gemacht, müsst ihr auf das nächstliegende Feld mit eurem eigenen Symbol zurück und von dort aus weiterziehen. Findet ihr jedoch mit Hilfe des Wörterbuches diesen Fehler allein, dürft ihr auf dem Feld bleiben, bekommt aber das Kärtchen nicht.
- Gewinner ist, wer zuerst seinen Startplatz wieder erreicht und mindestens 5 Aufgaben richtig gelöst hat.

Weitere Regeln oder Regeländerungen könnt ihr gemeinsam absprechen.

Hinweis:

Spielmaterial:

Aufgabenkärtchen, Spielplan, Würfel, Spielfiguren in unterschiedlichen Farben, Papier, Stifte, Wörterbuch, Merkblätter.

Station 9:

Ballonfahrt

Spielplan

Spielplan (evtl. vergrößert) kopieren, ausgestalten und foliieren

Station 9:

Ballonfahrt

Aufgabenkärtchen

Kärtchen kopieren, foliieren und ausschneiden

Rad fahren ⊞ Großschreibung	im Nachhinein ⊞ Großschreibung	Schuld geben ⊞ Großschreibung	in Schwarz ● Großschreibung
heute Mittag ⊞ Großschreibung	Grimm'sche Märchen ⊞ Großschreibung	am Samstagabend ⊞ Großschreibung	als Nächstes ● Großschreibung
in Rot ⊞ Großschreibung	Angst machen ⊞ Großschreibung	in Grün ⊞ Großschreibung	Tennis spielen ● Großschreibung
in Bezug auf ⊞ Großschreibung	übermorgen Nacht ⊞ Großschreibung	Arm und Reich ⊞ Großschreibung	morgen Nachmittag ● Großschreibung
Eis laufen ⊞ Großschreibung	in Deutsch ⊞ Großschreibung	Pleite gehen ● Großschreibung	auf Spanisch ● Großschreibung
morgen Abend ⊞ Großschreibung	der Erste ⊞ Großschreibung	gestern Morgen ● Großschreibung	der Vorletzte in der Reihe ● Großschreibung

Station 9:

Ballonfahrt

Aufgabenkärtchen

Auto fahren Großschreibung	in Griechisch Großschreibung	Hof halten Großschreibung	auf Französisch Großschreibung
übermorgen Vormittag Großschreibung	Alt und Jung Großschreibung	morgen Vormittag Großschreibung	alles Mögliche Großschreibung
in Türkisch Großschreibung	jemandem Leid tun Großschreibung	im Voraus Großschreibung	Ernst machen Großschreibung
im Allgemeinen Großschreibung	gestern Nacht Großschreibung	Schiller'sche Gedichte Großschreibung	vorgestern Abend Großschreibung
Maß halten Großschreibung	in Weiß Großschreibung	Recht haben Großschreibung	in Blau Großschreibung
heute Morgen Großschreibung	außer Acht Großschreibung	übermorgen Mittag Großschreibung	Gleich und Gleich Großschreibung

Station 9:

Ballonfahrt

Aufgabenkärtchen

Mir wird angst. Kleinschreibung	Gehst du heute ins Kino? Kleinschreibung	das schwarze Brett Kleinschreibung	Was willst du von mir? Kleinschreibung
der weiße Tod Kleinschreibung	alles andere Kleinschreibung	die polnische Wurst Kleinschreibung	sehr viele Kleinschreibung
Hallo, wann kommst du? Kleinschreibung	Sie ist mir gram. Kleinschreibung	Geht ihr ins Schwimmbad? Kleinschreibung	Wir sind schuld. Kleinschreibung
der eine Kleinschreibung	das englische Konsulat Kleinschreibung	platonische Liebe Kleinschreibung	die erste Geige Kleinschreibung
Ihm ist bange. Kleinschreibung	Herzliche Grüße, dein dich liebender … Kleinschreibung	Er ist es leid. Kleinschreibung	Warum ruft ihr nicht? Kleinschreibung
die französische Küche Kleinschreibung	die goethesche/ goethische Lyrik Kleinschreibung	die große Pause Kleinschreibung	nur wenige Kleinschreibung

Station 9:

Ballonfahrt

Aufgabenkärtchen

Sie sind pleite. Kleinschreibung	Du übst für dich. Kleinschreibung	Er wird schuld sein. Kleinschreibung	Räumst du dein Zimmer auf? Kleinschreibung
die spanische Spezialität Kleinschreibung	die grimmschen Märchen Kleinschreibung	der blaue Brief Kleinschreibung	das ohmsche Gesetz Kleinschreibung
Bitte schreibe ins Heft! Kleinschreibung	Er wird pleite. Kleinschreibung	Liest du die Geschichte? Kleinschreibung	die griechischen Trauben Kleinschreibung
der ohmsche Widerstand Kleinschreibung	der erste April Kleinschreibung	wie viele Kleinschreibung	die goldene Hochzeit Kleinschreibung
die erste Hilfe Kleinschreibung	Schaust du heute nach mir? Kleinschreibung	Er bleibt schuld. Kleinschreibung	Alles klar, du kannst kommen. Kleinschreibung
die finnische Währung Kleinschreibung	die eine Kleinschreibung	der italienische Salat Kleinschreibung	die platonische Liebe Kleinschreibung

Stammschreibung
Umlautschreibung
Worttrennung
Einzelfälle

Zur Information:

Die Neuerungen im Bereich der „Laut-Buchstaben-Zuordnung“ hatten in erster Linie das Ziel, das Stammprinzip stärker zu betonen. Ein Wortstamm sollte so weit wie möglich in allen Wörtern der Wortfamilie gleich geschrieben werden. Dies betrifft insbesondere die Umlautschreibung („ä“ abgeleitet von „a“ bzw. „äu“ von „au“) und einzelne Wörter, die nach kurzem Vokal auf einen Konsonanten enden, der in Angleichung an andere Wörter derselben Wortfamilie verdoppelt wird.

Die Worttrennung am Zeilenende betrifft zwei Problemfelder:

- Ausnahmen („st“, „ck“ und „einzelne Vokale am Wortanfang“)
- Fremdwörter

Zusätzlich werden einige Einzelfälle geübt, die in der Schreibung ähnlich gearteten Begriffen angeglichen werden (z.B. „Känguru“ wie „Gnu“ und „Kakadu“). Eine Hilfe für Schülerinnen und Schüler können Wörterlisten im Sinne eines Verzeichnisses mit häufig verwendeten Ausdrücken bieten. Auch das Nachschlagen im Wörterbuch bleibt unerlässlich, denn es gibt trotz der Reform immer noch einige Zweifelsfälle.

Die einzelnen Stationen haben folgende Übungsschwerpunkte:

Station	Bezeichnung	Übungsschwerpunkte
1	Umlautlotto	Stammschreibung (Umlaute)
2	Wörterdomino	3 gleiche Buchstaben hintereinander bei Zusammensetzungen
3	Dosendiktat	Konsonantenverdoppelung/Stammprinzip/Einzelfälle
4	Wörterlisten	Konsonantenverdoppelung/Stammprinzip/Einzelfälle
5	Tiertangram	Konsonantenverdoppelung/Stammprinzip/Einzelfälle
6	Lernscheibe	Konsonantenverdoppelung/Stammprinzip mit Umlauten/Einzelfälle
7	Wortfamilien	Konsonantenverdoppelung/Stammprinzip mit Umlauten/Einzelfälle
8	Bilder-ABC	Worttrennung am Zeilenende
9	Weltreise	Worttrennung am Zeilenende

Vorbereitung der Lernmaterialien:

Station	Bezeichnung	Materialtipps
1	Umlautlotto	Grundkarte und Legekärtchen kopieren, foliieren und ausschneiden
2	Wörterdomino	Kärtchen kopieren, foliieren und ausschneiden
3	Dosendiktat	Büchse (Kaffeedose o.ä.) mit Schlitz im Deckel versehen, individuell gestalten, Wortkärtchen kopieren, foliieren und ausschneiden
4	Wörterlisten	Wörterlisten (evtl. vergrößert) in gewünschter Menge kopieren
5	Tiertangram	Einzelteile kopieren, foliieren und ausschneiden
6	Lernscheibe	Scheiben und Hülle kopieren, Seiten zusammenkleben, Teile foliieren und ausschneiden
7	Wortfamilien	Kärtchen kopieren, foliieren und ausschneiden
8	Bilder-ABC	Bildkarten kopieren, evtl. gestalten, foliieren und ausschneiden
9	Weltreise	Kärtchen kopieren, foliieren und ausschneiden, Spielplan (evtl. vergrößert) kopieren, foliieren und ausgestalten

Merkblatt

Umlautschreibung
Worttrennung
Einzelfälle

Umlautschreibung:

Bei einigen Einzelwörtern schreibt man „ä“ bzw. „äu“, wenn es eine Grundform mit „a“ bzw. „au“ gibt.

Beispiele:
das Bändel (das Band)
verbläuen (blau)
behände (die Hand)
das Quäntchen (das Quantum)
belämmert (das Lamm)

Einzelfälle:

Treffen in Zusammensetzungen drei gleiche Buchstaben aufeinander, werden alle geschrieben.

Beispiele:
die Schifffahrt, die Sauerstoffflasche, das Betttuch, der Kaffeeersatz

Bei der Endung „-heit“ bleibt ein vorausgehendes „h“ erhalten!

Beispiele:
die Zähheit, die Rohheit

Merke dir diese Wörter besonders gut!

Das Känguru (das Gnu, der Kakadu)
rau (schlau, blau, grau)

Grundsatz:

Im Zweifelsfall immer im Wörterbuch nachschlagen!

Einzelfälle:

Einige Einzelwörter werden wie andere Wörter derselben Wortfamilie mit doppeltem Konsonanten geschrieben.

Beispiele:
nummerieren (die Nummer)
platzieren (der Platz)
der Tipp (tippen)

Worttrennung:

Einzelne Vokale am Wortanfang können abgetrennt werden.

Beispiele:
der O-fen, der U-hu, die A-mei-se

Getrennt werden darf auch „st“.

Beispiele:
die Kis-te, der Kas-ten, die Wes-te

Das „ck“ bleibt erhalten und kommt auf die nächste Zeile.

Beispiele:
der Ho-cker, die Ja-cke, die He-cke

Wörter mit hin-, her-, da-, wo- können auf zwei Arten getrennt werden!

Beispiele:
hin-auf (hi-nauf), dar-um (da-rum),
wor-an (wo-ran), her-um (he-rum)

Fremdwörter können auch nach Sprechsilben getrennt werden.

Beispiele:
der Mag-net, der Zyk-lus

Laufzettel:

Name: ....

Klasse: .... Schuljahr: ....

 ohne Partner  mit Partner/ in der Gruppe

✗ Aufgabe bearbeitet

Nr.	Lernstationen		✗
1	Umlautlotto		○
2	Wörterdomino		○
3	Dosendiktat		○
4	Wörterlisten		○
5	Tiertangram		○
6	Lernscheibe		○
7	Wortfamilien		○
8	Bilder-ABC		○
9	Weltreise		○

Station 1:

Umlautlotto

Aufgabenblatt

Aufgabe:

Lege die Grundkarte auf den Tisch.

Breite alle Legekärtchen gut sichtbar daneben aus.

Lege die Kärtchen auf die passenden Felder der Grundkarte.

Schreibe die Wörter auf.

Hinweise:

Wenn du dir nicht sicher bist, welches Legekärtchen auf welches Feld der Grundkarte gehört, schlage einfach im Wörterbuch nach.

Tipp: Mit der Grundkarte und den Legekärtchen kann auch „Bingo" gespielt werden.

Lösung:

Band – Bändel	Hand – behände
Gams – Gämse	Quantum – Quäntchen
Schnauze – schnäuzen	Stange – Stängel
blau – verbläuen	Überschwang – überschwänglich
Lamm – belämmert	Grauen – gräulich
Grauen – Gräuel	a – ä

Station 1:

Umlautlotto

Grundkarte
Legekärtchen

Grundkarte und Legekärtchen kopieren, foliieren und ausschneiden.

Grundkarte

Band	Hand	Gams	Quantum
Schnauze	Stange	blau	Lamm
Grauen	Grauen	Überschwang	a

Legekärtchen

Bändel	behände	Gämse	Quäntchen
schnäuzen	Stängel	verbläuen	belämmert
gräulich	Gräuel	über-schwänglich	ä

Station 2:

Wörterdomino

Aufgabenblatt

Aufgabe:

Lege zuerst alle Dominokarten auf den Tisch.

Überlege, welche beiden Wörter sich sinnvoll zusammensetzen lassen, und lege sie aneinander.

Präge dir die gelegten Wörter gut ein und schreibe sie auf.

Hinweise:

Verwende im Zweifelsfall dein Wörterbuch.

Wenn dir das Spiel gefällt, kannst du eigene Wörterstreifen für dich und deine Klasse herstellen.

Lösung:

Hinweis: Wenn du den Eindruck hast, dass deine zusammengesetzten Wörter schwer lesbar sind, kannst du sie auch mit Bindestrich schreiben.

still/legen – stilllegen
Kompott/Teller – Kompottteller
schwimmen/Meister – Schwimmmeister
Stress/Situation – Stresssituation
voll/laden – vollladen
Schluss/Spurt – Schlussspurt
Schiff/Fahrt – Schifffahrt
Kaffee/Ersatz – Kaffeeersatz
Sauerstoff/Flasche – Sauerstoffflasche
Fluss/Senke – Flusssenke
Flanell/Lappen – Flanelllappen
See/Elefant – Seeelefant
Stoff/Fetzen – Stofffetzen
Schritt/Tempo – Schritttempo
Wette/turnen – Wettturnen
Krepp/Papier – Krepppapier
kennen/Nummer – Kennnummer
Schluss/Strich – Schlussstrich
still/Leben – Stillleben
Verschluss/Sache – Verschlusssache
voll/laufen – volllaufen
Schluss/Signal – Schlusssignal
Bett/Tuch – Betttuch
Tee/Ecke – Teeecke
Schrott/Transport – Schrotttransport
nass/Schnee – Nassschnee
Fluss/Sand – Flusssand
Ballett/Tänzerin – Balletttänzerin
Pappe/Plakat – Pappplakat
fett/triefend – fetttriefend
Schluss/Satz – Schlusssatz
Schmuckblatt/Telegramm – Schmuckblatttelegramm

Station 2:

Wörterdomino

Dominokarten

Kärtchen kopieren, foliieren und ausschneiden

Telegramm	still	legen	Kompott
Teller	schwimmen	Meister	Stress
Situation	voll	laden	Schluss
Spurt	Schiff	Fahrt	Kaffee
Ersatz	Sauerstoff	Flasche	Fluss
Senke	Flanell	Lappen	See
Elefant	Stoff	Fetzen	Schritt
Tempo	Wette	turnen	kennen

Station 2:

Wörterdomino

Dominokärtchen

Nummer	Schluss	Strich	still
Leben	Verschluss	Sache	voll
laufen	Schluss	Signal	Bett
Tuch	Tee	Ecke	Schrott
Transport	nass	Schnee	Fluss
Sand	Ballett	Tänzerin	Pappe
Plakat	fett	triefend	Schluss
Satz	Krepp	Papier	Schmuckblatt

Station 3:

Dosendiktat

Aufgabenblatt

Aufgabe:

Lege alle Kärtchen zuerst offen auf den Tisch und präge dir die Wörter ein. Lege danach die Kärtchen verdeckt auf einen Stapel.

Nimm jeweils das oberste Kärtchen, lies es genau und wirf es in die Dose.

Schreibe das Wort auswendig auf. So verfährst du mit allen Kärtchen.

Sind alle Wortkärtchen in der Dose, entleere sie und prüfe, ob du alles richtig geschrieben hast.

Lösung:

Für diese Station benötigst du keine Lösung.

Wenn du magst, kannst du deine Wörter kontrollieren lassen (von einer Mitschülerin, einem Mitschüler, deinen Eltern, der Lehrerin oder dem Lehrer, …)

Station 3:

Dosendiktat

Wortkärtchen

Wortkärtchen kopieren, foliieren und ausschneiden

Sto**pp** (stoppen)	Fö**h**n	selb**st(st)**ändig (selbst/ständig)	Ro**hh**eit (roh/-heit)	**Känguru** (wie Gnu, Kakadu)
Stu**ck**ateur (Stuck)	Ste**pp** (steppen)	Nu**mm**erierung (von Nummer)	Sti**pp** (stippen)	**rau** (wie blau, grau, schlau)
nu**mm**erieren (Nummer)	Ti**pp** (tippen)	To**ll**patsch (toll)	pla**tz**ieren (Platz)	Zie**rr**at
A**ss** (die Asse)	Karame**ll** (Karamelle)	Me**ss**ner (Messe)	Mo**pp** (moppen)	Zä**hh**eit (zäh/-heit)

Station 4:

Wörterlisten

Aufgabenblatt

Aufgabe:

Bearbeite in Ruhe die Wörterlisten.

In jeder Spalte wird dir erklärt, was du tun sollst.

Präge dir die jeweilige Schreibweise gut ein.

Hinweis:

Verwende in Zweifelsfällen dein Wörterbuch.

Lösung:

Lasse deine ausgefüllten Wörterlisten kontrollieren (von einer Mitschülerin, einem Mitschüler, deinen Eltern, der Lehrerin oder dem Lehrer, ...).

Station 4:

Wörterlisten

Arbeitsblatt

Lies dir die Wörter in Ruhe durch und markiere schwierige Stellen.	Präge dir die Wörter in der 1. Spalte gut ein, decke sie ab und schreibe sie auswendig auf.	Ordne alle Wörter aus der 1. Spalte nach dem Alphabet.	Notiere jedes Wort aus der 1. Spalte auf ein Kärtchen und mache daraus ein Dosendiktat.	Suche dir einen Partner, der dir zum Abschluss alle Wörter aus der 1. Spalte diktiert.
das/der Bändel				
gräulich				
überschwänglich				
belämmert				
das Quäntchen				
schnäuzen				
die Behändigkeit				
einbläuen				
der Stängel				
die Gämse				

Lies dir die Wörter in Ruhe durch und markiere schwierige Stellen.	Präge dir die Wörter in der 1. Spalte gut ein, decke sie ab und schreibe sie auswendig auf.	Ordne alle Wörter aus der 1. Spalte nach dem Alphabet.	Notiere jedes Wort aus der 1. Spalte auf ein Kärtchen und mache daraus ein Dosendiktat.	Suche dir einen Partner, der dir zum Abschluss alle Wörter aus der 1. Spalte diktiert.
rau				
der Tollpatsch				
der Zierrat				
der Vorrat				
platzieren				
nummerieren				
der Tipp				
der Rauhaardackel				
die Rohheit				
das Känguru				

Lies dir die Wörter in Ruhe durch und markiere schwierige Stellen.	Präge dir die Wörter in der 1. Spalte gut ein, decke sie ab und schreibe sie auswendig auf.	Ordne alle Wörter aus der 1. Spalte nach dem Alphabet.	Notiere jedes Wort aus der 1. Spalte auf ein Kärtchen und mache daraus ein Dosendiktat.	Suche dir einen Partner, der dir zum Abschluss alle Wörter aus der 1. Spalte diktiert.
die Zähheit				
der Mopp				
der/das Karamell				
das Ass				
die Stuckatur				
der Föhn				
die Nummerierung				
der Glimmstängel				
die Raufasertapete				
der Stepptanz				

Station 5:

Tiertangram

Aufgabenblatt

Aufgabe:

Lege zuerst alle Tangramteile auf den Tisch.

Füge die Teile so zusammen, dass insgesamt ein Quadrat entsteht.

Präge dir dabei die Wörter gut ein.

Lege verschiedene Tiere mit den Tangramteilen. Die einzelnen Teile müssen dabei nicht mit der gesamten Seitenfläche aneinander liegen; es genügt auch, wenn nur die Spitzen sich berühren. Einzelne Teile kannst du auch räumlich voneinander trennen.

Es gibt eine nahezu unendliche Vielfalt an Legemöglichkeiten. Ziel ist es, mit den 16 geometrischen Teilen möglichst viele unterschiedliche Tierfiguren zu finden und zu legen.

Hinweis:

Die Tangramteile kannst du auch für ein Dosendiktat verwenden.

Lösung:

Folgende Tiere sind denkbar:

Hirsch, Hase, Rebhuhn, Fasan, Schwan, Frosch, Pferd, Affe, Nashorn, Elefant, Schlange, Geier, Känguru

Bestimmt fallen dir noch weitere Tiere ein.

Station 5:

Tiertangram

Kopiervorlage

Tangramteile kopieren, foliieren und ausschneiden

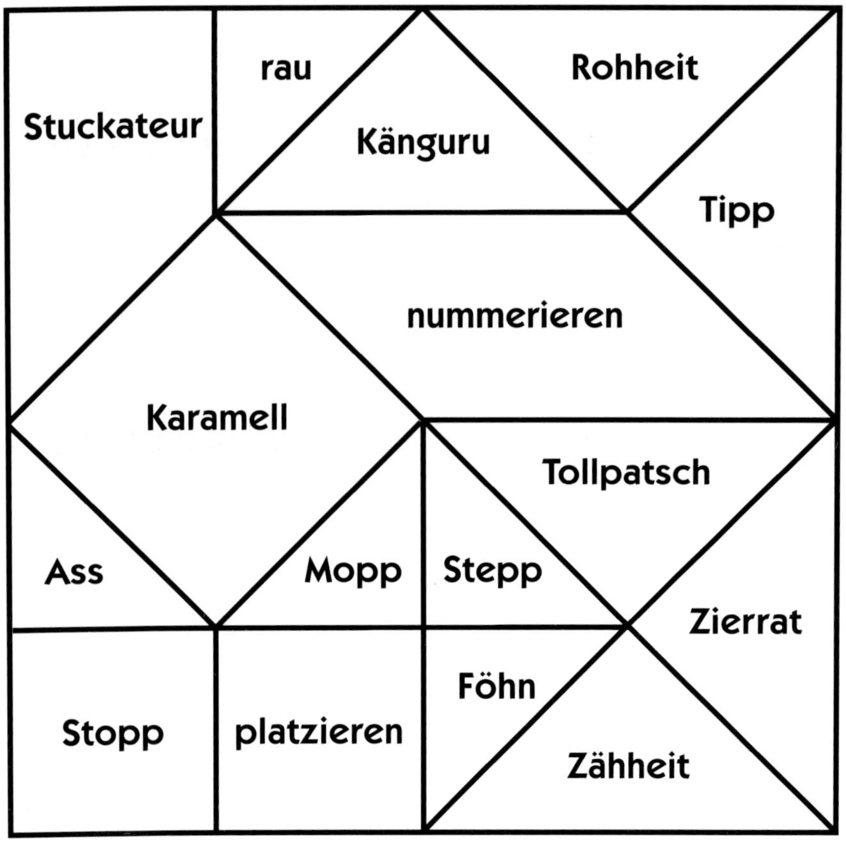

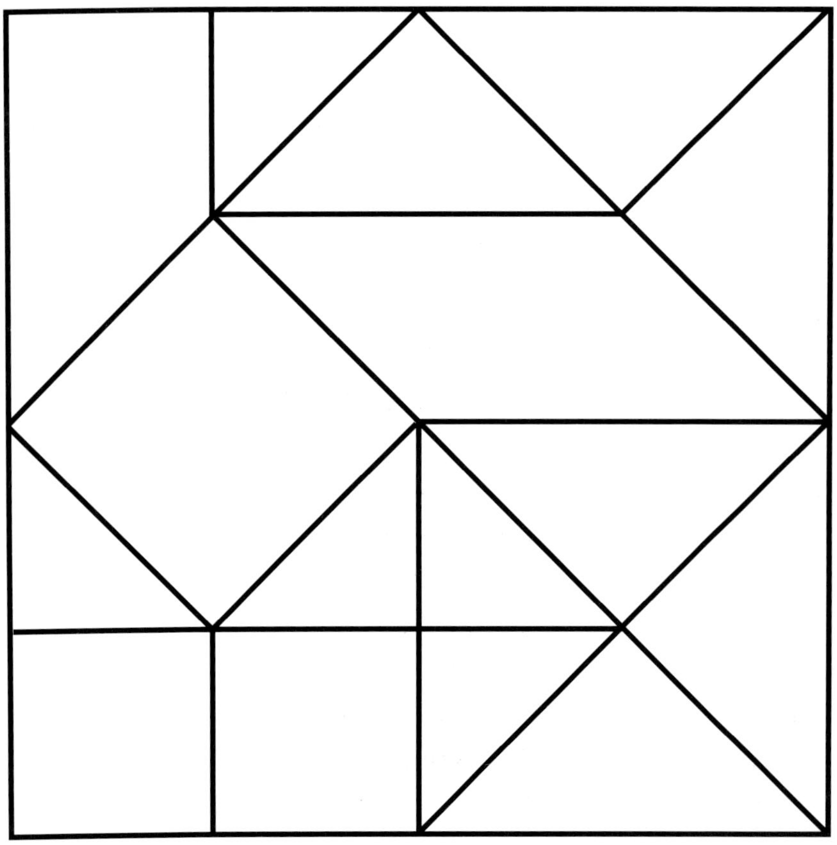

Blankovorlage

Station 6:

Lernscheibe

Aufgabenblatt

Aufgabe:

Drehe jede Scheibe so, dass die Wörter, die in den Fenstern sichtbar sind, zusammengehören.

Schreibe die Wortreihe auf.

Hinweis:

Drehe am besten zuerst die linke Scheibe und suche danach auf der mittleren und rechten Scheibe die passenden Wörter.

Lösung:

Scheibe 1:	Scheibe 2:	Scheibe 3:
das Band	anbändeln	das Bändel
die Schnauze	anschnauzen	schnäuzen
die Stange	der Stängel	der Blumenstängel
blau	Blaubeeren	verbläuen
das Lamm	lammfromm	belämmert
toll	herumtollen	der Tollpatsch
steppen	der Quickstepp	der Stepptanz
der Platz	platzen	platzieren
die Nummer	nummerieren	nummeriert
tippen	der Tipp	der Tippschein
der Mopp	moppen	der Wischmopp
das Gnu	der Kakadu	das Känguru

Station 6:

Lernscheibe

Lernscheiben

Scheiben und Hülle kopieren, jeweils beschriften und leere Seite an den Rückseiten zusammenkleben, foliieren und ausschneiden, Scheiben in die Hülle stecken und mit drei Musterbeutelklammern zusammenheften, sodass die Scheiben drehbar sind

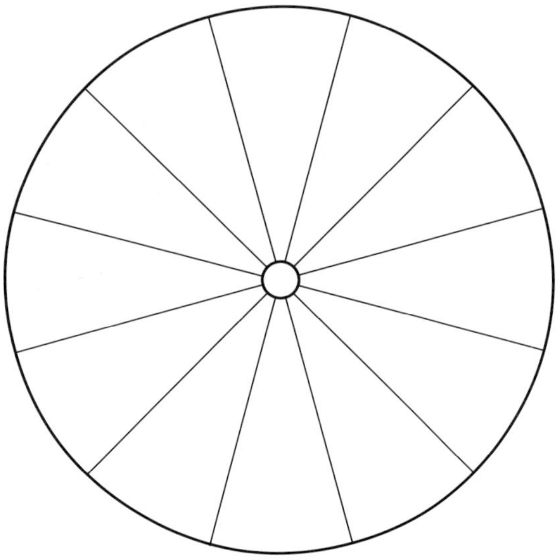

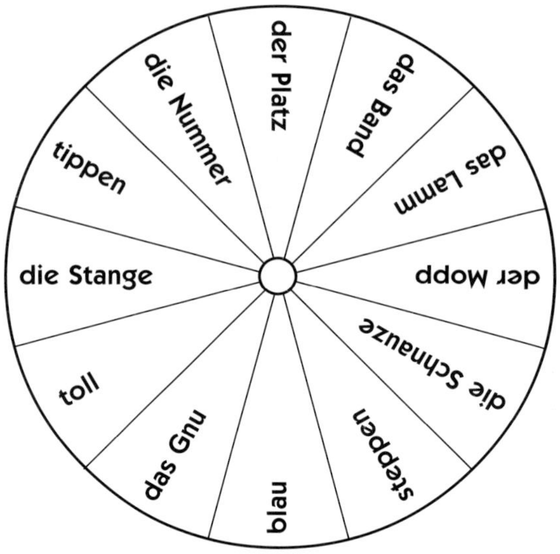

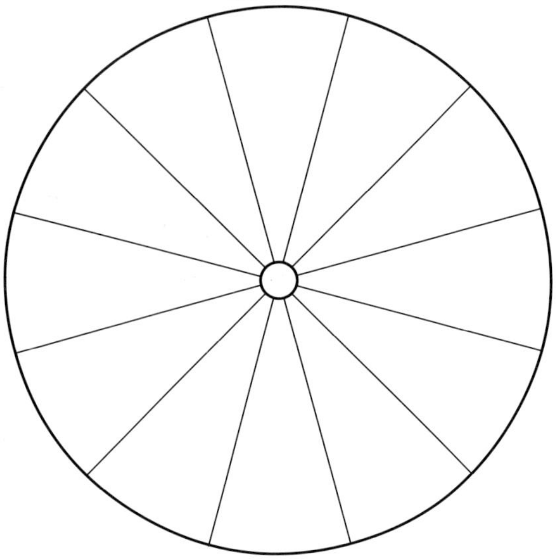

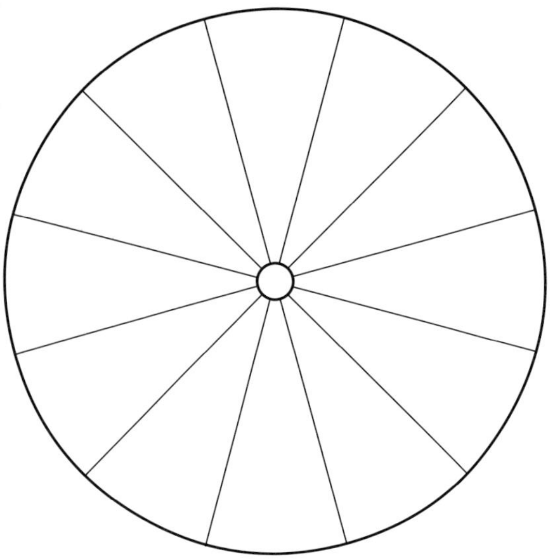

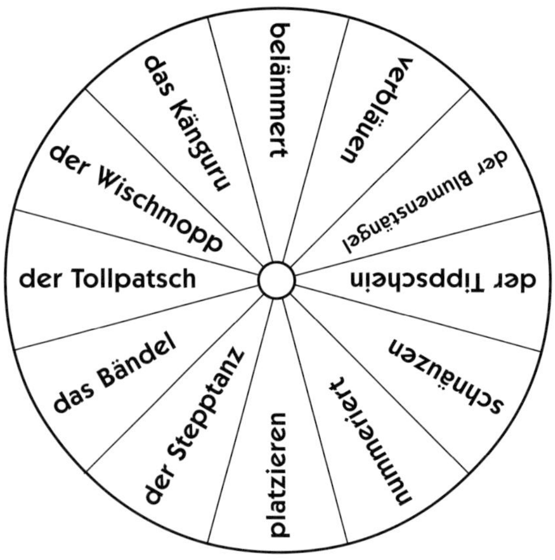

Station 6:

Lernscheibe

Hülle

Hülle kopieren, foliieren und an der Faltlinie knicken

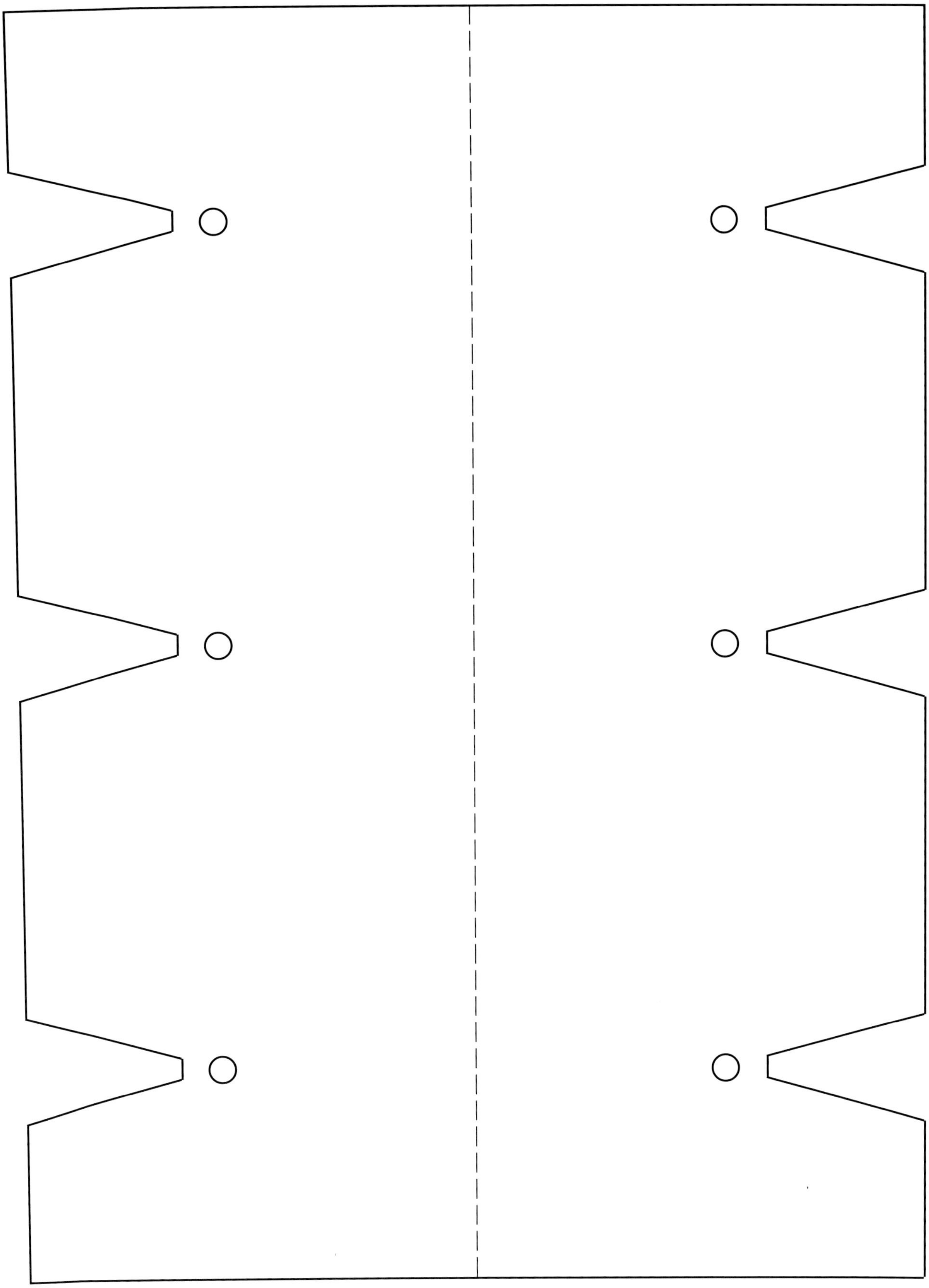

Station 7:

Wortfamilien

Aufgabenblatt

Aufgabe:

Lege zuerst alle Kärtchen auf den Tisch.

Ordne alle Wörter nach dem gleichen Wortstamm zu Gruppen und schreibe sie auf.

Hinweis:

Tipp: Du kannst die Wörter auch alphabethisch geordnet untereinander legen und anschließend aufschreiben.

Lösung:

Wortfamilien:

- behände • die Behändigkeit • die Hand • die Handlung • handeln • der Händler • handlich • händeringend
- belämmert • das Lamm • die Lämmer • das Lammfell • das Lämmchen
- überschwänglich • der Überschwang • er schwang
- platzieren • geplatzt • der Platz • das Platzkonzert • platziert
- das Tollhaus • der Tollpatsch • herumtollen • toll • die Tollwut • tollkühn
- der Stepptänzer • der Twostepp • der Steppke • steppen • der Stepp

Station 7:
Wortfamilien
Wortkärtchen

Wortkärtchen kopieren, foliieren und ausschneiden

behände	handeln	platzieren	das Platzkonzert
die Behändigkeit	der Händler	geplatzt	toll
belämmert	das Lamm	das Tollhaus	die Tollwut
überschwänglich	er schwang	der Stepptänzer	der Steppke
die Hand	handlich	der Platz	platziert
die Handlung	händeringend	der Tollpatsch	tollkühn
die Lämmer	das Lammfell	herumtollen	steppen
der Überschwang	das Lämmchen	der Twostepp	der Stepp

Station 8:

Bilder-ABC

Aufgabenblatt

Aufgabe:

Verteile alle Karten gut sichtbar auf dem Tisch.

Sortiere die Karten so, dass alle Wörter, die nach der gleichen Regel getrennt werden, jeweils auf einem Stapel liegen.

Ordne die Bilderstapel alphabetisch.

Schreibe die Wörter zum Schluss nach dem Abschreibbeispiel ab.

Hinweis:

Lies dir die entsprechenden Trennregeln auf dem Merkblatt vorher durch.

Abschreibbeispiel:

die Kiste = die Kis-te
die Pistole = die Pis-to-le

Lösung:

Folgende Karten gehören zusammen:

st: Bürste, Äste, Kiste, Würste, Wüste, Briefkasten, Elster, Fenster, Monster, Pflaster, Pistole, Sandkasten

ck: Deckel, Glocke, Jacke, Mücke, Wecker, Backe, Brücke, Dackel, Decke, Nussknacker, Säcke, Stücke, Schnecke, Waschbecken, Kacke, Zucker, Drucker, Ecke, Fackel, Rücken

einzelne Vokale: Ameisen, Oval, Esel, Uhu, Igel, Etui, Irokese, Ofen, Efeu, Elefant, Ananas, Oma, Eber

Station 8:

Bilder-ABC

Bildkarten

Bildkarten kopieren, evtl. farbig gestalten, foliieren und ausschneiden

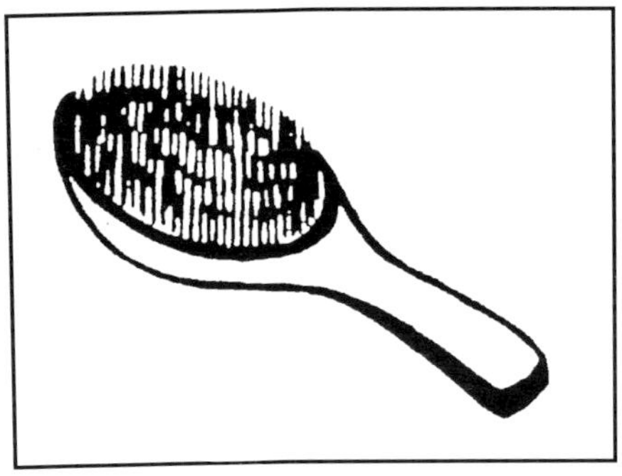

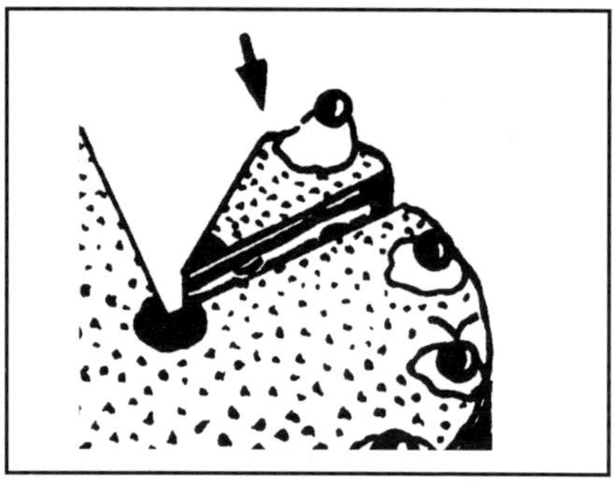

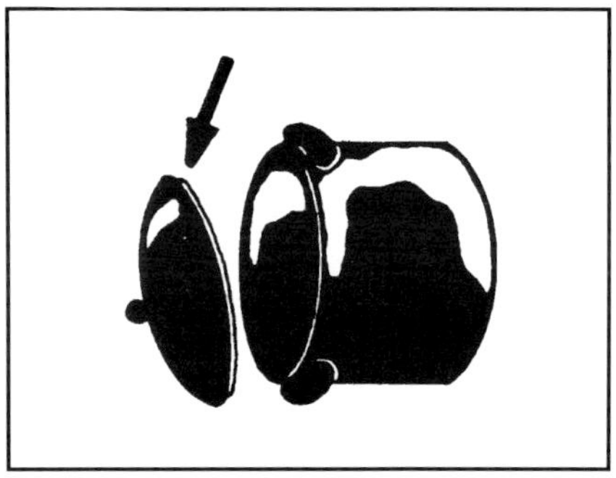

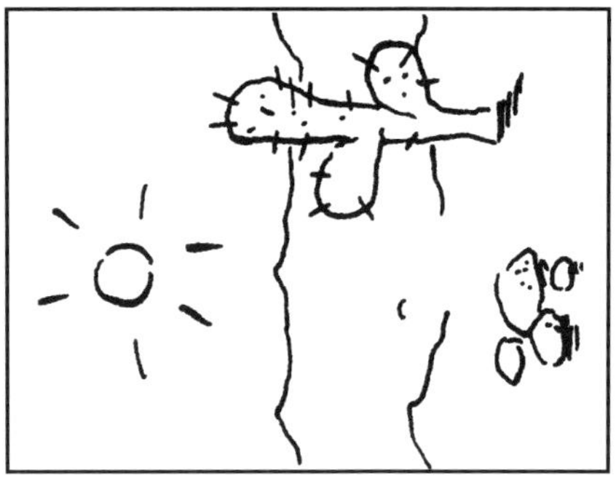

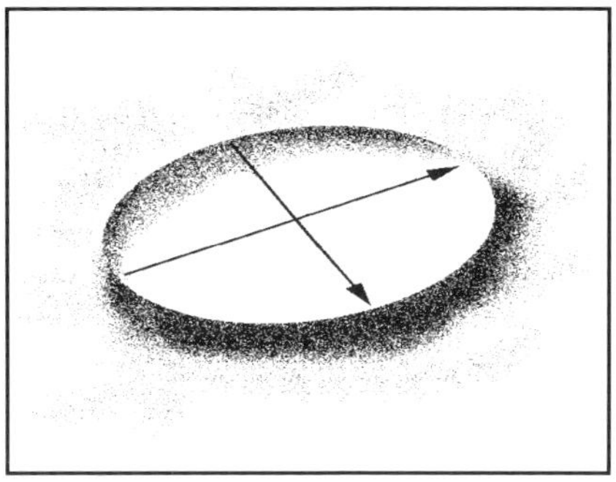

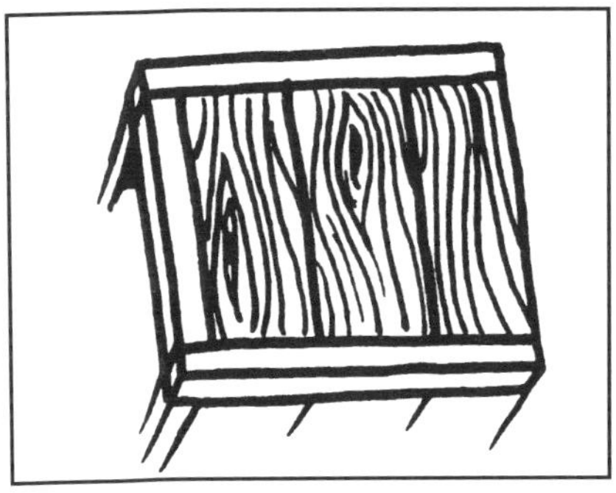
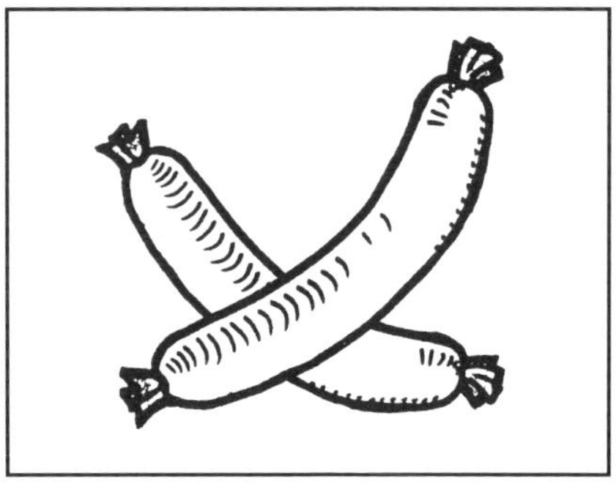

Station 8:

Bilder-ABC

Bildkarten

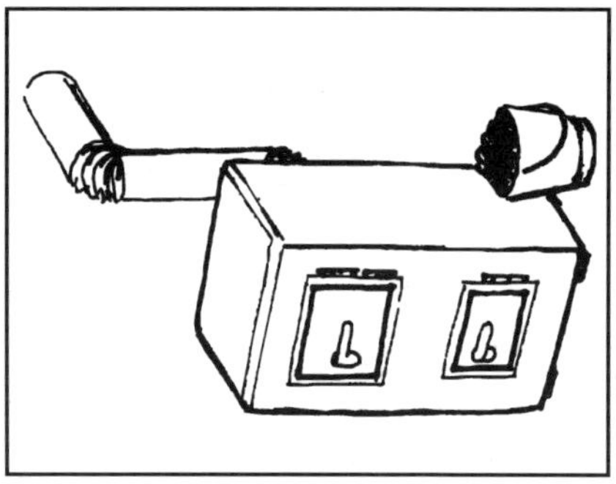
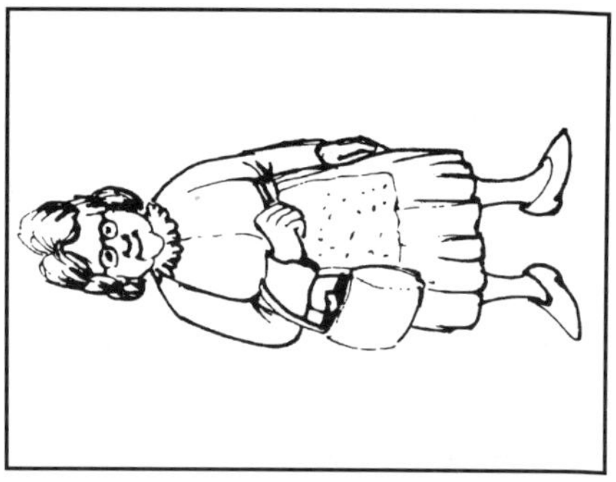
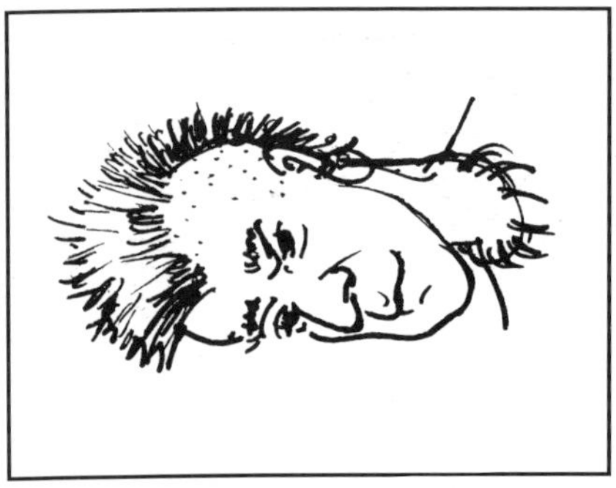

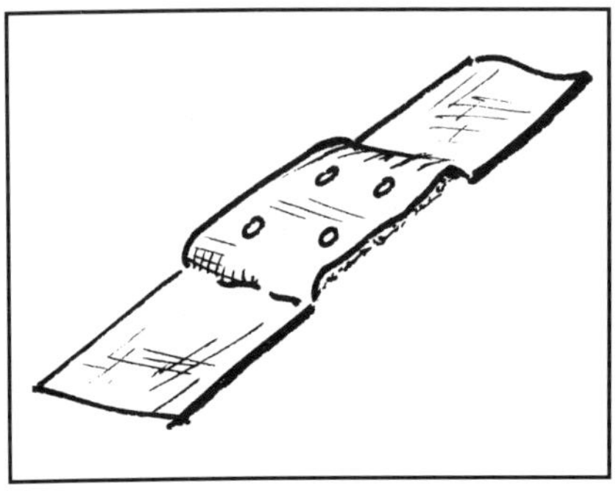

Station 8:

Bilder-ABC

Bildkarten

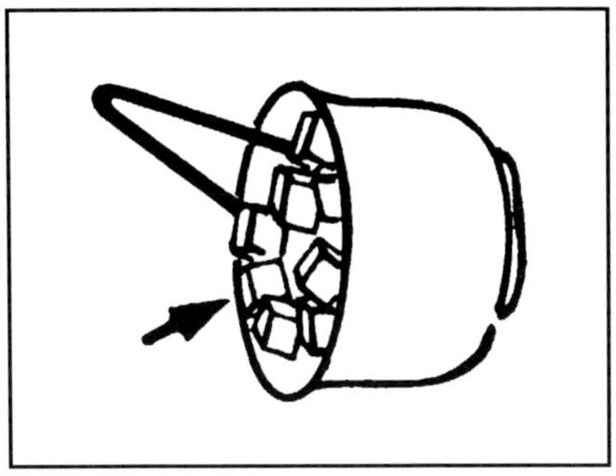
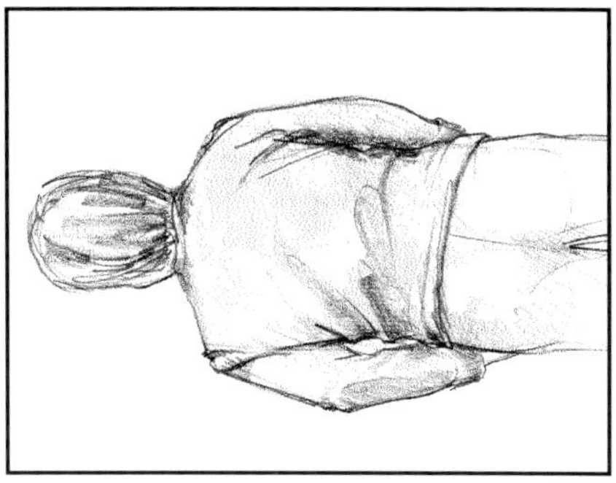

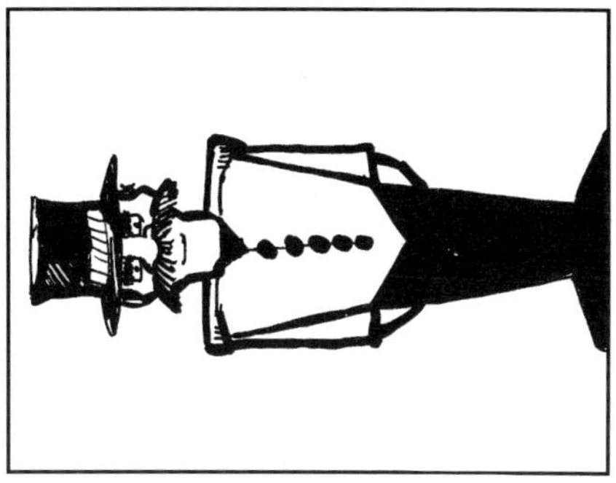
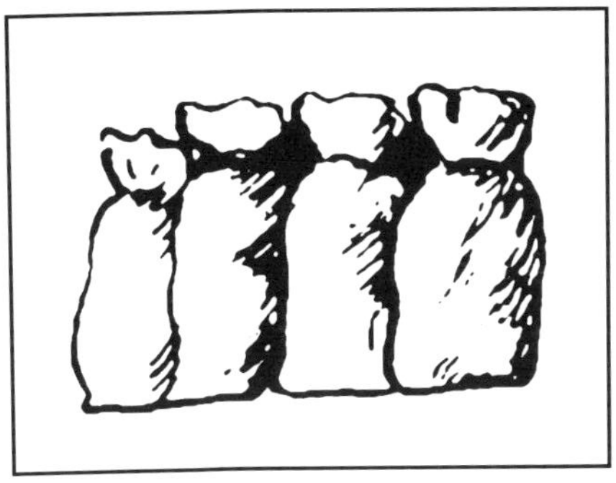
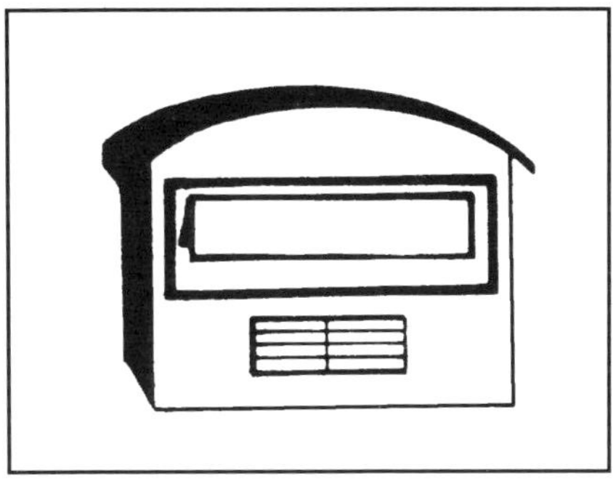

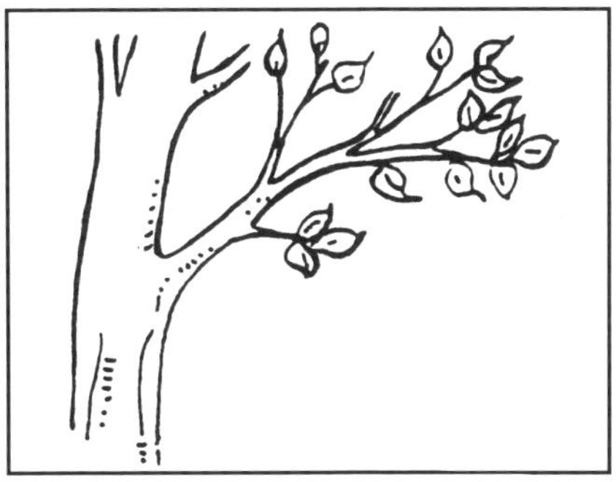
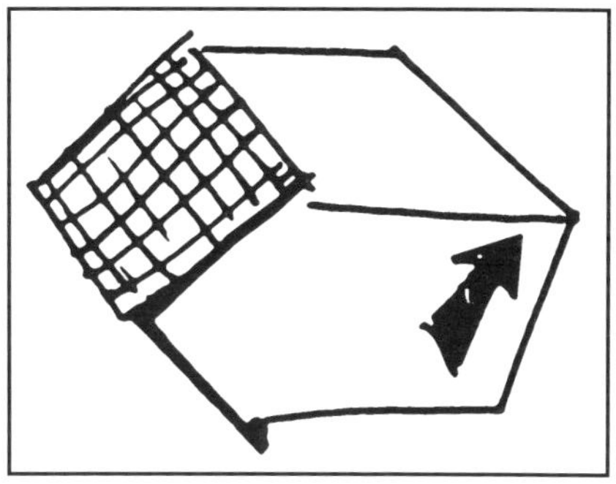
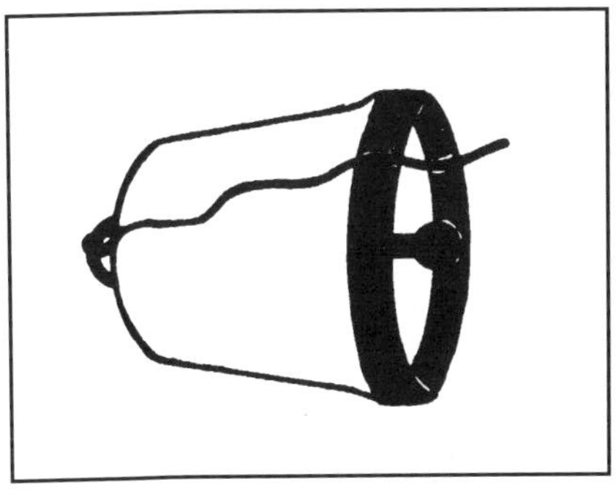

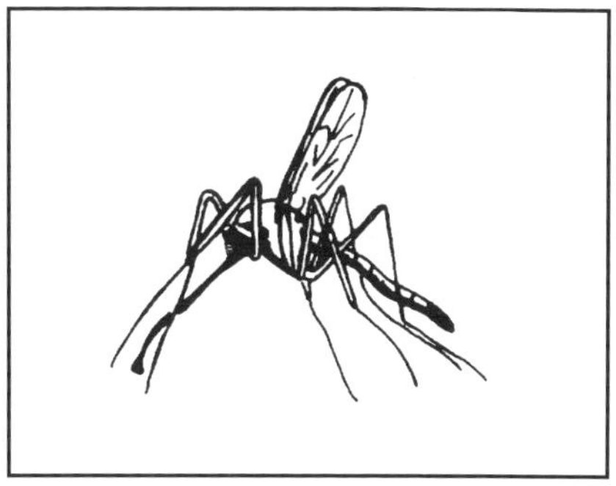

Station 9:

Weltreise

Aufgabenblatt

Aufgabe:

Wählt zuerst einen Spielleiter, der die Aufgabenkärtchen bekommt.

Jeder von euch unternimmt eine Weltreise mit unterschiedlichen Verkehrsmitteln (Schiff, Flugzeug, Bahn, Auto).

Würfelt reihum. Jeder Spieler darf so viele Felder vorrücken, wie er gewürfelt hat.

Wenn ihr auf ein schwarzes Feld kommt, stellt euch der Spielleiter eine Aufgabe: Ihr müsst sagen, wie ein Wort getrennt wird.

Wisst ihr die Lösung, dürft ihr das Kärtchen behalten.

Gebt ihr eine falsche Antwort, müsst ihr auf das Landstück/die Insel zurück, das/die ihr gerade verlassen habt.

Gewonnen hat, wer als Erster wieder am Start ist.

Weitere Regeln könnt ihr noch selbst entwickeln.

Hinweis:

Spielmaterial:

Spielfiguren in unterschiedlichen Farben, Spielplan, Würfel, Aufgabenkärtchen, Merkblatt, Wörterbuch, Schreibzeug und Papier.

Lösung:

Die Lösung findet der Spielleiter auf den Aufgabenkärtchen vor.

Station 9:

Weltreise

Spielplan

Spielplan (evtl. vergrößert) kopieren, foliieren und ausschneiden

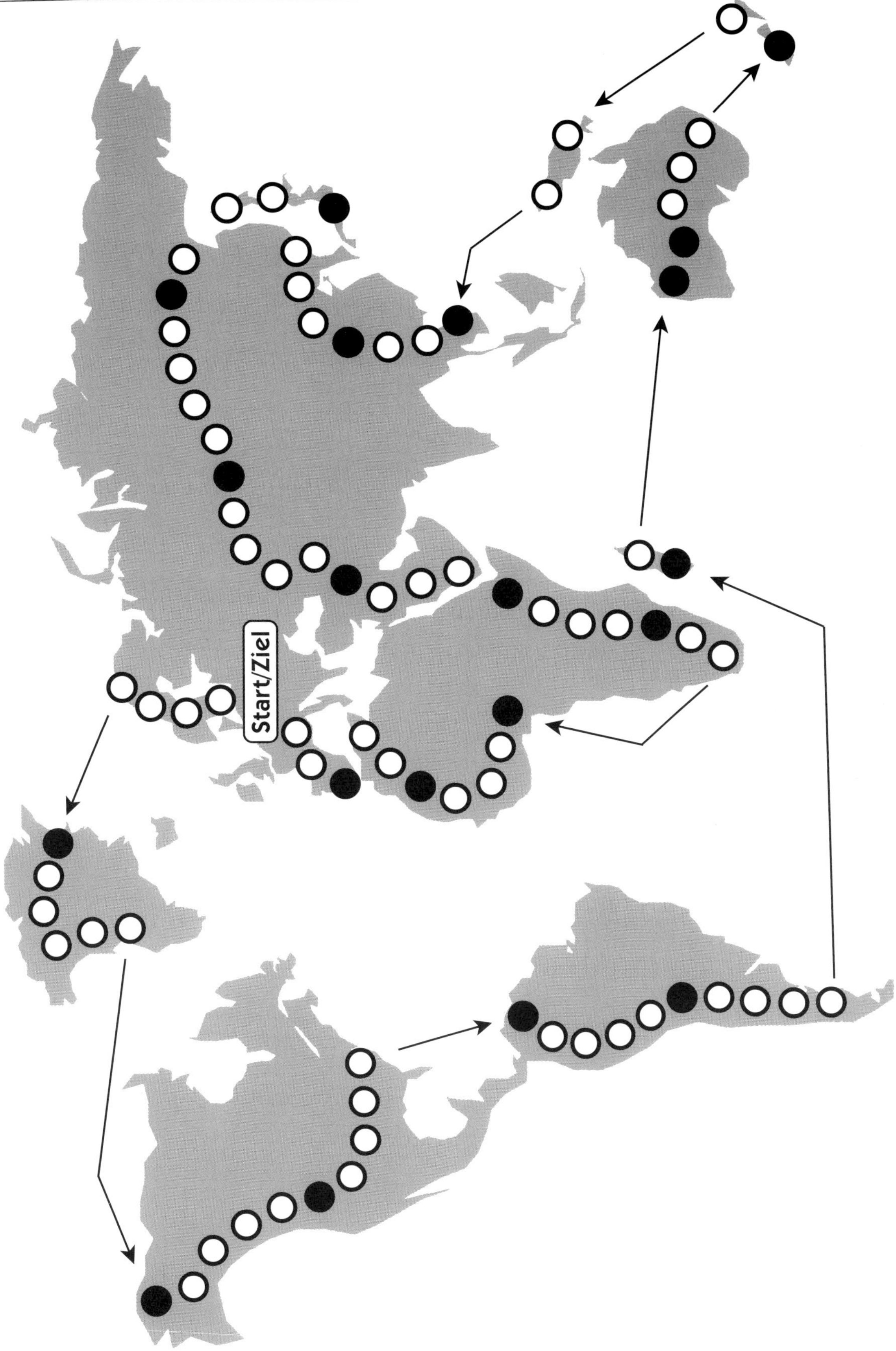

Station 9:

Weltreise

Kärtchen

Kärtchen kopieren, foliieren und ausschneiden

erschrecken	meistens	flüstern	Ostereier
er-schre-cken	meis-tens	flüs-tern	Os-ter-ei-er
schicken	bersten	er bremste	er verreiste
schi-cken	bers-ten	er brems-te	er ver-reis-te
dicke Würste	Erster sein	gestern	der Bäcker
di-cke Würs-te	Ers-ter sein	ges-tern	der Bä-cker
drücken	meistens	Vogelnester	entdecken
drü-cken	meis-tens	Vo-gel-nes-ter	ent-de-cken
gucken	im Westen	das Fenster	pflücken
gu-cken	im Wes-ten	das Fens-ter	pflü-cken
gut schmecken	feste Schuhe	durstig	die Schwester
gut schme-cken	fes-te Schu-he	durs-tig	die Schwes-ter
backen	Nächster sein	lustige Bücher	die Hängebrücke
ba-cken	Nächs-ter sein	lus-ti-ge Bü-cher	die Hän-ge-brü-cke

Station 9:

Weltreise

Kärtchen

die langen Stöcke	der Abend	der Magnet	Edamer Käse
die lan-gen Stö-cke	der A-bend	der Mag-net	E-da-mer Kä-se
die tolle Idee	rot oder weiß	die Industrie	der kleine Kasten
die tol-le I-dee	rot o-der weiß	die In-dus-trie	der klei-ne Kas-ten
über dem Ofen	der Zuckerkuchen	der Chirurg	parallel
ü-ber dem O-fen	der Zu-cker-ku-chen	der Chi-rurg	pa-ral-lel
hinauf oder hinab	das Quadrat	die Philippinen	Bienen und Wespen
hi-nauf o-der hi-nab	das Qua-drat	die Phi-lip-pi-nen	Bie-nen und Wes-pen
verstecken	die dunkle Ecke	warum nur, warum	die Ecke
ver-ste-cken	die dunk-le E-cke	wa-rum nur, wa-rum	die E-cke
oben und unten	der Ofen	die schicke Weste	zucken
o-ben und un-ten	der O-fen	die schi-cke Wes-te	zu-cken
über die Brücke	eine Hose flicken	einander helfen	der Schrecken
ü-ber die Brü-cke	ei-ne Ho-se fli-cken	ei-nan-der hel-fen	der Schre-cken

2894_Übungsbuch Rechtschreibung